KU-500-606

CYNNWYS

Rhagair

Dywedodd yr Arglwydd wrtho, 'Clywais dy weddi a'th ddeisyfiad a wnaethost ger fy mron.' 1 Bren 9:3 (BCND)

Ceir gweddïau o bob lliw a llun. Maent yn tyfu o ffydd a chreadigrwydd eu hawduron a'r dylanwadau a ddaeth â nhw i'r fan hon. O'm rhan fy hun, mae gen i gefndir eitha eciwmenaidd ond ar hyn o bryd rwy'n bregethwr cynorthwyol yn yr Eglwys Fethodistaidd, a diddordeb gen i yn ffydd a bywyd gweddi Cristnogion cynnar Prydain ac Iwerddon.

Fe welwch amrywiaeth o arddulliau yn y casgliad hwn. Dyw pob gweddi heb ei fformatio yn y dull traddodiadol ond fe'u paratowyd i'w llefaru, a ble mae'r llinellau wedi'u mewnoli, y bwriad yw saib neu bwyslais. Mae llawer i'w ddweud dros arafu ein gweddïo er mwyn i'r geiriau gael amser i dreiddio.

Beth bynnag, yng nghyd-destun ein haddoli ynghyd mae rhai elfennau y dylid eu cynnwys, rhag i'n gweddïau ymddangos yn rhy gul yn eu bwriad. Roedd yr elfennau hyn yn ganolog iawn ym mywyd gweddi dyddiol yr eglwys fore; gellir eu nodi â'r acronym ACT (yn Saesneg : Adoration, Confession, Thanksgiving).

Mae'r gweddïau yn dilyn cylch tair-blynyddol y darlleniadur (y patrwm o ddarlleniadau Beiblaidd a ddilynir gan lawer o enwadau dros y byd), ac yn anelu at glymu wrth ddarlleniadau pob Sul o'r flwyddyn, ynghyd ag ychydig ddyddiau ychwanegol, fel Dydd Gwener y Groglith. Er bod rhai amrywiadau rhwng enwadau, credaf fod yr holl brif ddarlleniadau Sul wedi'u cynnwys. Mae'r cylch yn dechrau gyda Sul cynta'r Adfent gan ei fod yn cael ei ystyried yn ddechrau'r flwyddyn eglwysig.

ADFENT 1

JEREMEIA 33:14-16; SALM 25:1-9; 1 THESALONIAID 3:9-13; LUC 21:25-36

● **Gweddi agoriadol**

Dyma'r Adfent, tymor addewid. Yn ein haddoli paratown at enedigaeth baban mewn stabl lychlyd, ac atgoffa ein hunain mai'r plentyn hwn fydd Gwaredwr y byd, fydd yn dychwelyd eto mewn grym a gogoniant i ddwyn ei holl blant ynghyd mewn caneuon o foliant diddiwedd.

Mae'r addewid am faban hefyd yn addewid am fywyd tragwyddol i bawb sy'n credu.

Dduw gobaith ac addewid, bydd gyda ni drwy'r tymor Adfent hwn, a thyn ni yn nes o hyd wrth i ni deithio ynghyd at y stabl a geni dy Fab, ein Gwaredwr Iesu Grist.

● **Moliant**

Dduw gogoniant ac addewid,
a siaradodd a daeth y byd i fod,
a anadlodd ac roedd y byd yn fyw,
sy'n cyfri'r gwallt ar ein pennau,
sy'n gweld ein meddyliau, yn darllen ein calonnau
ac sy'n ein caru yn fwy nag a haeddwn,
sut na allwn ddwyn atat
ein hoffrwm moliant?

Achos ym mhlentyn Bethlehem
y saif yr addewid am berthynas glos
gyda Cheidwad fyddai'n marw drosof fi hyd yn oed,
a'r addewid am dragwyddoldeb
i'th foli di fwy bob dydd.
Dduw gogoniant ac addewid,
molwn dy enw sanctaidd.

● **Cyffes**
Atat ti, Arglwydd, down â'n bywydau,
yn gythryblus, toredig neu gysurus,
yn offrwm aberthol
i ti eu defnyddio.

Alltudia ein hunanoldeb
a dysga ni i garu fel y ceraist ti.
Alltudia ein synnwyr balchder
a dangos i ni ystyr gwyleidd-dra.
Alltudia ein dallineb
a dangos i ni y byd drwy dy lygaid.
Alltudia ein trachwant
a dysga ni sut i roi fel y rhoddaist ti.

Dangos dy ffyrdd i ni;
dysga dy lwybrau i ni,
er mwyn i ni gerdded gyda thi yn nes,
ein llaw yn dy law,
ein traed yn ôl dy draed,
Arglwydd tragwyddol a ddaeth
yn faban mewn stabl.

● Diolch

Am y gair sy'n para,
rhown ddiolch i ti.
Am addewidion i'w trysori,
rhown ddiolch i ti.
Am berthynas agos â thi,
rhown ddiolch i ti.
Am y cariad sy'n ein hamgylchynu,
rhown ddiolch i ti.
Am bawb sydd yma heddiw,
rhown ddiolch i ti.
Am deulu a ffrindiau,
rhown ddiolch i ti.
Am ymwelwyr yn ein plith,
rhown ddiolch i ti.
Am obaith cyfnod yr Adfent,
a ninnau'n paratoi i weld
y dwyfol yn camu i'n daear,
rhown ddiolch i ti.

ADFENT 2

BARUCH 5:1-9 NEU MALACHI 3:1-4; LUC 1:68-79; PHILIPIAID 1:3-11; LUC 3:1-6

● **Gweddi agoriadol**

Dyma'r Adfent, tymor paratoi. Mae'r siopau'n llawn anrhegion y gallem eu rhoi neu eu derbyn. Addurnwyd y strydoedd, mae corau ar eu taith i ganolfannau cymuned neu gartrefi preswyl gyda'u hoffrwm tymhorol o garolau.

Yn ein paratoi cofiwn Ioan Fedyddiwr, a ddaeth i baratoi'r Iddewon ar gyfer dyfodiad Iesu – Ioan, fyddai'n paratoi ffordd drwy alw am edifeirwch, er mwyn i galonnau fod yn barod i dderbyn yr un oedd i ddod.

Dduw Dad, paratoa ein calonnau nid yn unig ar gyfer y dathliadau ond hefyd i rannu'r newyddion da hwnnw gyda ffrindiau, teulu a chydweithwyr, pe doi'r cyfle. Rho i ni ddewrder a'r ewyllys i siarad am y cariad a ddaeth i lawr i'r byd a cherdded yn ein plith.

● **Moliant**

Gyda'r strydoedd yn llawn siopwyr,
goleuadau llachar a chynigion dengar,
caneuon Nadolig a chwerthin plant,
rwyt yn ein harwain ar hyd llwybr gwahanol
at afon mewn anialwch a llais proffwydol.

Galwad i edifeirwch.
Galwad i wasanaeth.
Galwad i'n mwydo ein hunain
mewn dŵr bywiol na fydd yn darfod.

Galwad i baratoi ffordd yn ein bywydau ein hunain
i Waredwr y byd ddod i mewn,
i brofi cyffyrddiad dy drugaredd dyner
a gorffwys yn dy gariad maddeugar.

Am dy broffwydi ffyddlon
a'th air bywiol,
dygwn ein hoffrwm moliant.

● **Cyffes**
Rwyt yn ein herio, yr Adfent hwn,
tymor y rhagweld,
i roi ein balchder o'r neilltu
a deall ein hangen
am edifeirwch,
maddeuant
a thrugaredd.
Llai o hunan, mwy ohonot ti.

Rwyt yn ein herio, yr Adfent hwn,
i baratoi at bererindod
i'r stabl ac ymhellach.
Pura ein calonnau a'n meddyliau,
a ninnau ym mhresenoldeb
angylion a
Duw mewn cnawd.

● Diolch

Diolch i ti, Dad, am dy amynedd
gyda phobl wrthryfelgar,
sy'n dy garu un foment,
a'th anghofio'r nesaf.
Diolch i ti am dy gariad diderfyn,
nad yw yn ildio
ond eisiau'r gorau i ni,
ar waetha'n beiau.
Diolch i ti am dy addewid
o fywyd tragwyddol
i bawb sy'n credu
ac yn rhoi eu ffydd ynot.

Dymor yr Adfent hwn
boed i alwad y Bedyddiwr
atsain mewn calonnau a meddyliau,
a dwyn llawer at y dŵr bywiol
ble gallent ganfod maddeuant
a phrofiad o'th ras.

ADFENT 3

SEFFANEIA 3:14-20; ESEIA 12:2-6;
PHILIPIAID 4:4-7; LUC 3:7-18

● **Gweddi agoriadol**

Dyma'r Adfent, tymor disgwyl. Mewn cartrefi drwy'r wlad, saif cardiau Nadolig ar silff-ben-tân a sil ffenest. Addurnwyd coed yr ŵyl â thinsel a chlychau, a phlant yn dyfalu pa anrhegion fydd dan y goeden eleni.

Ddwy fil o flynyddoedd yn ôl, disgwyliai cenedl mewn gobaith wrth wrando ar broffwyd o'r enw Ioan yn sôn am yr un oedd i ddod, a dechrau eu paratoi eu hunain i'w gyfarfod.

Dduw Dad, daeth dy was Ioan Fedyddiwr gyda galwad am edifeirwch a bywydau wedi'u trawsnewid. Llanwyd y rhai a glywodd â disgwyliadau, yn disgwyl am y Meseia, ond wedyn yn methu sylwi ar ei ddyfodiad. Yr Adfent hwn, boed i ninnau gael ein llenwi â disgwyliadau wrth i ni ddathlu yr anrheg mwyaf i gyd – dy Fab, Iesu Grist.

● **Moliant**

Llawenhewch yn yr Arglwydd bob amser!
Gwaeddwch ei enw,
achos mae Duw gyda ni;
mae ein Duw gyda ni,
Duw ein hiachawdwriaeth,
yr unig un y llwyr ymddiriedwn ynddo.

Llawenhewch yn yr Arglwydd bob amser!
Gwaeddwch ei enw,
achos Duw yw ein Tad
sy'n dod â ni adre
heibio nentydd o ddŵr bywiol
lle na sychedwn mwyach.

Llawenhewch yn yr Arglwydd bob amser!
Gwaeddwch ei enw,
achos mae'n ein harwain ar ein ffordd,
a'n galluogi
i fod y bobl
y'n bwriadwyd.

Llawenhewch yn yr Arglwydd bob amser!
Gwaeddwch ei enw,
achos mae Duw gyda ni;
mae ein Duw gyda ni.

● **Cyffes**
Maddau i ni, Arglwydd;
pobl grwydrol ydym ni
sy'n penlinio o'th flaen yn awr
gan ddod â'n gweddïau
a'n ceisiadau at dy draed
pan fyddwn dy angen,
ac wedyn yn mynd ein ffordd ein hunain
pan yw'r amserau yn dda
a bywyd yn ymddangos yn hawdd.

Maddau i ni;
dysga i ni dy lwybrau,
er mwyn i ni dy ddilyn di
ddydd ar ôl dydd,
mewn heulwen a glaw,
llawenydd a thristwch,
a mwynhau dy gwmni
o eiliad ein deffro
nes gosod ein pennau i orffwys.

● **Diolch**
Ti yw'r Tad
sy'n croesawu adre
yr afradlon pell-grwydrol.

Ti yw'r Tad
sy'n paratoi gwledd
pan fydd eraill yn cerdded i ffwrdd.

Ti yw'r Tad
y mae dy gariad yn ymestyn
y tu hwnt i'n meddyliau a'n teimladau.

Ti yw'r Tad
sy'n nabod ein calonnau,
ac eto yn ein caru fel yr ydym.

Ti yw'r Tad
yr ymddiriedwn yn ei air,
nad oes gennym ofn pan fyddwn yn ei freichiau.

Ti yw'r Tad
y mae ei gyffyrddiad tyner
yn cyfannu'r ysbryd clwyfus.

Ti yw'r Tad
y ganed ei unig Fab
er mwyn iddo farw.

Ti yw'r Tad
y dygwn iddo
ein diolch dwfn heddiw.

ADFENT 4

MICHA 5:2-5A; LUC 1:46-55; SALM 80:1-7;
HEBREAID 10:5-10; LUC 1:39-45

● **Gweddi agoriadol**

Mae'r paratoi ar waith, y cyffro yn codi ac i'r rhai sy'n teithio i ymweld â theulu mae'r trefniadau yn eu lle, dillad wedi'u pacio, anrhegion wedi'u lapio a'u labelu.

Ddwy fil a mwy o flynyddoedd yn ôl, ymwelodd Mair, merch ifanc feichiog, â'i chyfnither Elisabeth, oedd hefyd yn disgwyl plentyn. Wrth iddynt gyfarch ei gilydd, rhoddodd y babi yng nghroth Elisabeth gic, a gwelodd hynny fel arwydd bod Mair yn mynd i gael ei bendithio yn fawr gan Dduw.

Dduw Dad, wrth ystyried Mair dy forwyn, gwelwn wyleidd-dra ac ufudd-dod, pethau sydd mor brin   yn ein bywydau ni. Wrth i ni glywed dy air eto a chofio yr un y daethost i'n byd yn ei gorff, atgoffa ni o ystyr gostyngeiddrwydd a rho i ni ffydd i wybod y cyflawnir dy holl addewidion.

● **Moliant**

Mae fy enaid yn mawrygu yr Arglwydd!
Mae popeth yn barod –
stabl wedi'i pharatoi,
bugeiliaid yn gweithio,
doethion ar daith,
anrhegion wedi'u dewis.

17

Mae fy enaid yn mawrygu yr Arglwydd!
Mae dinas yn disgwyl,
yn llawn, yn brysur;
mae sêr yn disgleirio,
pobl yn disgwyl,
drama yn agor.

Mae fy enaid yn mawrygu yr Arglwydd!
Mae'r Arglwydd yn dod
i arbed ei bobl;
ufudd-dod Mair
a pharodrwydd Duw
yw ei roddion gwerthfawr i ni.

Mae fy enaid yn mawrygu yr Arglwydd!

● **Cyffes**
Gwnaethost gymaint, Dduw da,
a ninnau cyn lleied mewn ymateb.
Rwyt yn ceisio gostyngeiddrwydd
a ninnau mor aml yn bobl falch.
Rwyt yn ceisio parodrwydd
a ninnau mor aml yn bobl benstiff.
Rwyt yn ceisio edifeirwch
a ninnau mor aml yn bobl fyddar.
Rwyt yn ceisio gwasanaeth
a ninnau mor aml yn bobl brysur.
Gwnaethost gymaint, Arglwydd da,
a ninnau cyn lleied mewn ymateb.

Maddau i ni yw ein gweddi daer.
Dysga ufudd-dod i ni,
er mwyn i ni, fel Mair,
fod yn weision parod i ti;
fel drwy'r bobl gyffredin
sy'n cyfarfod yma heddiw
y cyflawnir yr anghyffredin drosot.

● **Diolch**
Wnest ti ddim taflu ein daear
i eangderau'r cread
fel ar ddamwain.
Dy law di
a'i gosododd yno,
dy gynllun di i'w thyfu yno.

Wnest ti ddim poblogi'r ddaear
gyda phobl sy'n adlewyrchu dy delwedd
fel ar ddamwain.
Dy ewyllys di
a'n dygodd yma,
dy anadl yn ein cadw yma.

Ddoist ti ddim i gerdded ein daear
a theithio o stabl i groes greulon
fel ar ddamwain.
Dy gariad
aeth â thi yno,
dy ras sy'n ein dwyn yn agos.

Diolch, Arglwydd,
am dy ofal cyson,
bwriadol.

DYDD NADOLIG

ESEIA 52:7-10; SALM 98;
HEBREAID 1:1-4 [5-12]; IOAN 1:1-14

● **Gweddi agoriadol**

I rai, ystyr heddiw
yw anrhegion dan goeden
a chynorthwyydd bach Santa.

I ni, golyga
stabl isel,
mam gariadus
a geni Gwaredwr.
Diwrnod llawenydd,
diwrnod rhyfeddod,
diwrnod i gynnig
nid anrhegion sy'n dwyn
pleser dros dro,
ond calonnau sy'n rhan
o'r corws nefol
sy'n atseinio drwy'r byd
mewn Haleliwia.

● **Moliant**

Mewn lle arall roedd y dyrfa
pan aned di, Arglwydd da,
a moment werthfawr oedd hon
rhwng dau riant
a'r llu nefol,
mae'n rhaid bod

gorfoleddu yn y nef
pan glywyd dy gri gyntaf!
Y fath lawenydd gafodd y bugeiliaid hynny
wrth ddod drwy'r drws,
a'r fath lawenydd i ninnau
ddaeth ynghyd yma heddiw
i groesawu, yn ein ffordd ein hunain
Waredwr y byd.

● **Cyffes**
Hawdd
heddiw o bob dydd
cofio'r foment
pan gyffyrddodd y dwyfol ein byd brau
ac, yn ostyngedig,
gollwng ei gri gyntaf.

Anos
yn ein bywyd bob dydd
cofio'r foment
pan gyffyrddaist ein calonnau brau
a chyda cariad grasol
achosi ein cri ni,
'Fy Arglwydd, O fy Nuw!'

Maddau i ni,
a thyn ni yn ôl
at ddrws y stabl
yn ein teithio dyddiol,
er mwyn i ni gofio
y diwrnod pan gyffyrddodd y dwyfol
ddaear a chalon.

● Diolch

Llawenhewch a rhowch ddiolch!
Diwrnod dathlu yw hwn
wrth i'r Creawdwr unwaith eto
gerdded yn yr ardd
fel yn Eden erstalwm,
cariad Duw
mewn cnawd dynol brau
yn ymestyn mewn croeso.
Diwrnod dathlu yw hwn:
Llawenhewch a rhowch ddiolch!

Y NADOLIG 1

1 SAMUEL 2:18-20, 26; SALM 148; COLOSIAID 3:12-17; LUC 2:41-52

● **Gweddi agoriadol**

Digwyddodd llawer yn ystod yr wythnos. Teithiodd rhai ohonom i ymweld â theulu a hen ffrindiau. Rhannwyd rhoddion a chyfarchion; canwyd carolau i'n hatgoffa am enedigaeth y Crist. Bellach daeth teimlad o 'normalrwydd' yn ôl i'n bywydau.
Yn narlleniad yr Efengyl canfyddwn Grist gwahanol i'r un a adawsom fore Nadolig. Goroesodd ymgyrch Herod i ladd y cyntaf-anedig ym Methlehem a bu'n tyfu yn dawel yng ngweithdy'r saer yn Nasareth.

Dduw Dad, wnaeth stori'r Nadolig ddim gorffen yn y stabl ond parhau wrth i Iesu dyfu i fod yn ddyn, o'r golwg i'r byd, ar wahân i'w ymddangosiad yn y deml, ei gartre ysbrydol ar y ddaear. Wrth i ni gau tudalennau un flwyddyn a dechrau'r nesaf, boed i ni dyfu mewn ffydd a doethineb, yn nes atat ti bob dydd.

● **Moliant**

Am lawenydd dy bresenoldeb,
yn ein newid a'n hadnewyddu bob dydd,
cyflwynwn ein moliant i ti.

Am y fendith a roddi i ni,
llif dy gariad o ddydd i ddydd,
cyflwynwn ein moliant i ti.

Am heddwch y tu hwnt i ddeall,
sicrwydd bendigaid ddydd ar ôl dydd,
cyflwynwn ein moliant i ti.

Am y gair sy'n para,
yn ein dysgu a'n herio ddydd ar ôl dydd,
cyflwynwn ein moliant i ti.

● Cyffes

Dduw Waredwr, mor hawdd yw anghofio
llawenydd bore Nadolig
ym mhrysurdeb y foment,
pan fo pwysau'r byd hwn
yn dallu ein golwg ar y nesaf.
Mor hawdd yw anghofio'r rhodd
mor ddihaeddiant a rhad,
pan roir cardiau ac addurniadau heibio
a llythyrau diolch wedi'u hanfon.
Maddau ein cof byr,
ac, wrth i un flwyddyn arwain at y llall,
tywys ni at anturiaethau newydd
wrth i ni gerdded gyda thi
ddydd ar ôl dydd.

● Diolch

Dduw y daith o flwyddyn i flwyddyn,
cyflwynwn ein diolch i ti
am yr amynedd ddangosaist i ni
ar ddechrau pob diwrnod newydd;
am y bendithion rwyt yn dal i'w cynnig
pan na wyddom sut i weddïo;
am y gras rwyt yn estyn i ni
hyd yn oed pan drown i ffwrdd.

Dduw'r daith o flwyddyn i flwyddyn,
mae angen i ni dderbyn gras.
Cymer yr amherffaith ydym
a defnyddia ni yn dy law;
cymer y geiriau y ceisiwn eu dweud
fel bod rhai yn deall
i gariad ddod i lawr y Nadolig
i ddwyn gras Duw atom,
a cherdded y llwybr a gerddwn ninnau
tua gwlad yr addewid.

Y NADOLIG 2

JEREMEIA 31:7-14; SALM 147:12-20;
EFFESIAID 1:3-14; IOAN 1:[1-9] 10-18

● **Gweddi agoriadol**

Rhyfeddol yw'r syniad bod yr un a ddygodd y byd i fod yn ein caru
ddigon i fod eisiau ein galw yn feibion a merched.

Dduw Dad, wrth i ni ymuno i'th addoli heddiw, gwnawn hynny yn
y sicrwydd dy fod ti wedi ein galw i mewn i'th deulu, er mwyn i ni
dy adnabod yn well, profi dy gariad a mwynhau'r fendith sy'n dod
o fod yn dy gwmni.

● **Moliant**

Dduw Greawdwr, sy'n ein caru
yn fwy nag y gallwn wybod,
sydd wedi ein dewis
i fod yn deulu,
molwn dy enw sanctaidd.

Iesu Grist, Fab Duw,
y Gair a ddaeth yn gnawd
a phreswylio yn ein plith,
fu farw trosom,
molwn dy enw sanctaidd.

Ysbryd Glân, anadl bywyd,
grym ynom
o'r foment
pan gredom gyntaf,
molwn dy enw sanctaidd.

● Cyffes

Dduw y daith,
dy wahoddiad yw i'th ddilyn
heb ofni baglu;
mae dy fraich yn ddigon cryf
i gynnal yr enaid gwannaf.

Dduw y daith,
caniatâ i ni ddigon o ffydd
i'th gymryd ar dy air,
ac, os baglwn,
gad i ni wybod dy fod gyda ni ar ein taith.

Dduw y daith,
maddau amserau ein hamheuon,
ac, wrth dynnu yn nes atom,
llanw'r calonnau hyn â chariad
er mwyn i ni ganu dy glod.

● Diolch

Dduw grasol, diolchwn i ti
ein bod yn bobl a ddewiswyd gennyt
cyn i'r byd gael ei greu.
Wedi ein dewis drwy fabwysiad yn feibion
a merched ein Tad nefol
drwy gariad Crist
a dywalltwyd ar y groes.
Wedi ein dewis er mwyn i ni fyw
bywydau glân a di-fai
ac er mwyn i'th enw gael ei ddyrchafu.
Wedi ein dewis er mwyn i ni nabod
y gobaith y galwyd ni iddo,
addewid am fywyd tragwyddol.
Wedi ein dewis er mwyn i ni drwy dy Ysbryd
ddenu eraill i mewn
fel bod yr holl ddaear
yn byw i ganu dy glod.

Dduw grasol, diolchwn i ti
ein bod yn bobl a ddewiswyd.

YR YSTWYLL 1

ESEIA 60:1-6; SALM 72:[1-7] 10-14; EFFESIAID 3:1-12; MATHEW 2:1-12

● **Gweddi agoriadol**

Rhyddhawyd y stori! Ganwyd Iesu, goleuni'r byd, i ymlid y tywyllwch sy'n gorchuddio'i bobl. Mae gogoniant Duw yn ymddangos ar ffurf ddynol. Fydd bywyd ar y ddaear fyth yr un peth eto.

Dduw Dad, datganodd y seren a arweiniodd y doethion at y stabl bod Iachawdwr y byd wedi'i eni. Heddiw rydym yn byw mewn byd sydd o hyd dan gwmwl tywyllwch, yn dal ag angen teithio at ddrws y stabl. Boed i'n bywydau adlewyrchu dy oleuni ddydd ar ôl dydd wrth i ni geisio gwasanaethu ble bynnag y gosodaist ni, er mwyn i ni fod yn gyfrwng i eraill ddod wyneb yn wyneb â Iesu Grist.

● **Moliant**

Cyfod, disgleiria, canys daeth goleuni'r byd.
Mae tywyllwch yn gorchuddio'r byd a'i bobl
ond mae disgleirdeb goleuni Duw
yn difa'r cysgodion,
yn goleuo'r gornel leiaf
ac yn cyhoeddi dechrau
diwrnod newydd.

Does dim angen i galonnau ofni mwyach;
gellir gosod eneidiau yn rhydd;
caiff y naill ddilyn y llall,
cenedl ar ôl cenedl,
a bydd brenhinoedd a thywysogion yn ymgrymu mewn rhyfeddod
gerbron yr un sy'n dod i deyrnasu.

Cyfod, disgleiria, canys daeth goleuni'r byd.
Halelwia!

● **Cyffes**
Sefwn wrth dy draed, Arglwydd Dduw,
creadigaeth gerbron ei chreawdwr,
calonnau wedi eu noethi gan dy oleuni,
yn gwylaidd ofyn am drugaredd.
Deuwn yn bobl sydd mewn angen
am sicrwydd a maddeuant.
Deuwn yn bobl sydd mewn angen
am iachâd a chyfanrwydd.
Down yn ddibynnol ar dy ras.

Tyrd yn agos atom.
Cofleidia ni yn dy freichiau.
Llanw ni â'th Ysbryd,
er mwyn i ni adlewyrchu dy oleuni
yn y byd tywyll hwn,
datgan dy air yn eofn
a denu eraill at dy draed.

● Diolch

Dad nefol, diolch i ti
y gallwn arwain y rhai
sy'n ceisio Gwaredwr at y stabl,
at yr un a aned
i ddod â gwaredigaeth
iachâd a rhyddid.

Diolch i ti
y gallwn arwain y rhai sy'n ceisio diogelwch
at y goleuni,
at yr un sy'n agor llygaid
i ddeall
dy air a'th wirionedd.

Diolch i ti
am y rhai sy'n ceisio maddeuant,
fe'u harweiniwn at gariad
sydd tu hwnt i amgyffred,
at lawnder,
trugaredd a gras.

BEDYDD CRIST

ESEIA 43:1-7; SALM 29;
ACTAU 8:14-17; LUC 3:15-17, 21-22

● **Gweddi agoriadol**

Anghofiwn weithiau i Iesu y buom yn dathlu ei eni y Nadolig
dreulio llawer blwyddyn yn tyfu mewn teulu bach Iddewig.
Byddai'n tyfu yn ddoethach a chryfach, yn dysgu crefft, yn aros am
y foment, yn aros i ddarnau y darlun mwy ddisgyn i'w lle. Wedyn
byddai'n cerdded i ddyfroedd Iorddonen, yn gweld yr Ysbryd Glân
yn disgyn arno a chlywed y llais o'r nef yn datgan, 'Ti yw fy annwyl
Fab; ynot ti yr wyf yn ymhyfrydu.'
Dduw Dad, wrth i ni ymuno i addoli, paid â gadael i ni anghofio
dy amynedd diderfyn a'th gariad wrth drin dy bobl, ninnau yn eu
plith. Defnyddia ni yn dy wasanaeth, er mwyn i ni ddenu eraill i'th
deyrnas, er dy glod a'th ogoniant.

● **Moliant**

Mae'r Duw a anadlodd y byd i fodolaeth
ac sy'n ei gynnal o ddydd i ddydd,
yr un y taflodd ei ddwylo y planedau i'w cylchdro
ac sy'n rheoli ein tynged,
yn dweud, 'Paid ag ofni, rwyf fi gyda thi.'

Mae'r Duw sy'n llenwi dyfnderau y moroedd
ac yn denu'r llanw ar ei ffordd,
sy'n peri i fynyddoedd gael eu codi
ac i 'r enfys gylchu yr awyr,
yn dweud, 'Gelwais di wrth dy enw, fy eiddo i wyt ti.'

Mae'r Duw a wnaeth y ddaear ffrwythlon
a hadau i'w hau arni,
y mae ei gelfyddyd yn creu'r pili-pala
a gwlith y bore,
yn dweud, 'Rwyt yn werthfawr yn fy ngolwg.'

● **Cyffes**
Mae dy fawrhydi y tu hwnt
i ddychymyg,
y brenin tragwyddol,
aruchel a dyrchafedig,
yr un y mae'r angylion yn ei addoli.

Mae dy rym y tu hwnt
i ddeall,
y Duw Greawdwr
sy'n ysgwyd y nefoedd,
ac eto yn ein dal yn ei ddwylo.

Mae dy drugaredd y tu hwnt
i'n haeddiant,
y Duw Waredwr
unwaith aned drosom,
nawr wedi'i aberthu mewn cariad.

Maddau fychander
ein ffydd,
mawredd
ein hangen,
dyfnder ein trallod.
Cod ni i fywyd newydd
a ffyrdd newydd o wasanaeth,
trwy Iesu Grist
dy Fab, ein Harglwydd.

● Diolch

Am Ioan Fedyddiwr,
yn paratoi'r ffordd drwy edifeirwch a bedydd,
diolchwn i ti.

Am Iesu Grist,
a gyhoeddwyd yn Fab drwy ddŵr a'r Ysbryd,
diolchwn i ti.

Am newyddion da
i iachawdwriaeth ddod i'r byd,
diolchwn i ti.

Am dy gariad,
heb ei haeddu, wedi'i roi yn rasol,
diolchwn i ti.

Am yr Ysbryd Glân,
yn newid ac yn nerthu bywydau,
diolchwn i ti.

Am dy addewid
o dragwyddoldeb i'th foli,
diolchwn i ti.

YR YSTWYLL 2

ESEIA 62:1-5; SALM 36:5-10;
1 CORINTHIAID 12:1-11; IOAN 2:1-11

● Gweddi agoriadol

Wrth addoli heddiw, fe gofiwn nad oes terfyn ar gariad Duw at
ei bobl a'i eglwys. Sonia'r salmydd am gariad Duw yn ymestyn i'r
nefoedd, a'i gyfiawnder i ddyfnderau'r moroedd, ac eto mae Duw
yn ein bendithio yn unigol â rhoddion ei Ysbryd er mwyn i'w
eglwys, ei bobl, fod yn oleuni i'w ogoniant yn y lle hwn.
Dduw Dad, down â'n haberth moliant, a chydag ef wasanaeth ein
bywydau drwy'r wythnos sy'n dod. Boed i ni ymadael â'r lle hwn
yn gwybod i ni dy gyfarfod di a chael ein bendithio gan dy Ysbryd,
i fyw a gweithio i'th ogoniant.

● Moliant

Dduw, mae dy gariad yn cyrraedd entrychion nef,
sut y gallwn aros yn dawel?
Dduw, mae dy gyfiawnder yn sefyll fel y mynydd uchaf,
sut y gallwn aros yn dawel?
Dduw, mae dy farn yn ddyfnach nag unrhyw eigion,
sut y gallwn aros yn dawel?
Dduw, mae dy ras yn llifo fel afon ddiderfyn,
sut y gallwn aros yn dawel?

Sut y gallwn beidio â chyhoeddi dy fawrhydi
o genhedlaeth i genhedlaeth?
Sut y gallwn beidio â chodi llusern dy iachawdwriaeth
i'r holl fyd ei gweld?
Dduw, mae dy gariad yn cyrraedd entrychion nef,
dyrchafwn dy enw nerthol.

● Cyffes

Gweddïwn am hyder
i rannu dy air ag eraill
ac am gyfle i'w gyhoeddi.
Maddau ein harafwch,
ein swildod.

Gweddïwn am ddoethineb
i wybod beth y dylid ei ddweud
a'r adeg i'w ddweud.
Maddau ein tawedogrwydd,
ein hofnusrwydd.

Gweddïwn am wybodaeth
ynghylch llawnder dy ras
a'r parodrwydd i'w fyw.
Maddau ein hanwybodaeth,
ein hunan-ddibyniaeth.

Bydd di yn graidd popeth ydym,
y goleuni y cerddwn wrtho,
y gras y siaradwn drwyddo,
y fendith rydym yn ei rhannu.

● Diolch

Am roddion dy Ysbryd,
yn bresennol ynom
mewn gwybodaeth, dysgeidiaeth,
doethineb, iachâd,
mewn ffydd sy'n gryf,
mewn gair a chân,
diolchwn i ti, Arglwydd.

Defnyddia nhw yn y lle hwn
ac adeilada ni, Arglwydd,
achos yn dy nerth di
trawsnewidir bywydau,
yn dy nerth di
gwneir bywydau yn newydd,
yn dy nerth di
adnewyddir dy eglwys
a dyrchefir dy enw.

Am roddion dy Ysbryd,
yn bresennol ynom,
diolchwn i ti, Arglwydd.

YR YSTWYLL 3

NEHEMEIA 8:1-3, 5-6, 8-10; SALM 19; 1 CORINTHIAID 12:12-31A; LUC 4:14-21

● **Gweddi agoriadol**
Arglwydd Dduw, rydym yma heddiw
i wrando ar dy air,
dod â'r gweddïau sydd yn ein calon
ac ymuno mewn cymdeithas.
Siarad â ni drwy'r ysgrythur,
yr emynau, gweddi a myfyrdod.
Rho i ni glustiau i glywed,
calonnau i wrando
a bywydau parod i weithio.

● **Moliant**
Arweinydd: Mae'r nefoedd yn datgan dy ogoniant
Pawb: A'r ffurfafen yn mynegi gwaith dy ddwylo.

Haul y bore a lleuad y nos,
y goleuni a'r gwres sy'n pweru ein bywyd:

Arweinydd: Mae'r nefoedd yn datgan dy ogoniant
Pawb: A'r ffurfafen yn mynegi gwaith dy ddwylo.

Bryniau tonnog a phen y mynydd,
nant redegog ac eigion dwfn:

Arweinydd: Mae'r nefoedd yn datgan dy ogoniant
Pawb: A'r ffurfafen yn mynegi gwaith dy ddwylo.

Rhua'r taranau a glaw tyner,
cana'r cread gân ei foliant:

Arweinydd: Mae'r nefoedd yn datgan dy ogoniant
Pawb: A'r ffurfafen yn mynegi gwaith dy ddwylo.

● **Cyffes**
Rwyt yn siarad â ni mewn llawer ffordd,
drwy'r gwynt sy'n rhuthro
neu'r sibrwd tawel,
yng ngair ysgrythur
neu drwy dy ras.
A ninnau wedyn yn canfod llawer ffordd
i glywed llais
taer y byd
yn dod o hyd i ni
a chymryd dy le.

Maddau freuder ein ffydd.
Caniatâ i ni glywed dy lais
uwch dwndwr ein byd,
amgyffred y gwahaniaeth
a'th ddilyn di yn unig.

● Diolch

Dduw hael, am bopeth sy'n ein cynnal,
aer i'w anadlu, gwres a goleuni,
bwyd i'w fwyta, dŵr i'w yfed,
cyflwynwn yn ddiolchgar ein caneuon a'n moliant.

Dduw sanctaidd, am dy Ysbryd sy'n ein clymu,
un bobl, un corff
wedi'u nerthu i wasanaethu,
cyflwynwn yn ddiolchgar ein dwylo a'n traed.

Dduw Achubwr, am dy gariad sy'n ein hysbrydoli,
iachâd a chyflawnder,
rhyddid a chyfiawnder,
cyflwynwn yn ddiolchgar ein calonnau a'n heneidiau.

YR YSTWYLL 4

JEREMEIA 1:4-10; SALM 71:1-6; 1 CORINTHIAID 13:1-13; LUC 4:21-30

● **Gweddi agoriadol**

Ceraist ni o foment ein cenhedlu,
a'th gariad a'n casglodd ni yma heddiw.
Bendithia ein cwrdd ynghyd,
ein haddoli a'n gweddi,
y deall ar dy air
a'n mynd i'r byd.
Drwy ein geiriau a'n bywydau
boed i eraill gael eu tynnu i freichiau dy gariad,
a'r ddaear oll yn dechrau canu dy glod.

● **Moliant**

Dduw grasol,
dy ddymuniad di wastad
oedd i ni gyfarfod yma,
gan ddwyn ein hoffrwm
o foliant a chlod,
achos ers dechrau tragwyddoldeb
buost yn denu
y greadigaeth i gyd
i'th gôl.

Y fath gariad, y fath ras,
yn cyffwrdd hyd yn oed yr eneidiau hyn.
Achos ar ein taith
gwelsom oleuni yn disgleirio
yn uniongyrchol i'n calonnau.

Y fath oleuni, y fath gynhesrwydd,
yn ein dwyn at draed ein Gwaredwr.
A daeth geiriau Simeon yn eiriau i ni
achos gwelodd ein llygaid dy iachawdwriaeth –
goleuni yng nghenedl Israel
i'r holl fyd ei weld.

Dduw grasol,
am y cariad a'n dygodd yma
a'r cariad sy'n ein rhyddhau,
dyrchafwn dy enw yn uchel.

● **Cyffes**

Maddau i ni, Arglwydd,
pan anghofiwn
o ble y daw y nerth
sydd ei angen arnom,
ac yn ein gwendid
canfod ein bod yn gwegian
i gadw ein ffydd.
Atgoffa ni, Arglwydd,
ti yw'r nerth
y gallwn alw arno,
y grym i ddal ati,
yr ateb a geisiwn,
yr un y gallwn orffwys
yn ddiogel yn ei freichiau.
Maddau i ni, Arglwydd,
pan anghofiwn.

● Diolch

Llifa dy gariad
fel nant
i fôr dy ras.

Amgylchyna dy gariad
y byd,
a datgelu dy ffyddlondeb.

Mae dy gariad
yn amyneddgar a charedig,
yn dwyn cyflawnder a gwir dangnefedd.

Dy gariad
yw'r cyfan a ddymunwn
i iacháu ein clwyfau.

Fel mae popeth yn mynd heibio
a darfod,
pery cariad
yn dragywydd.

Diolch,
Arglwydd cariad.

YR YSTWYLL 5

ESEIA 6:1-8 [9-13]; SALM 138;
1 CORINTHIAID 15:1-11; LUC 5:1-11

● **Gweddi agoriadol**

Datguddia dy hun, Dduw grasol,
ar adeg ein haddoli.
Siarad â ni drwy'r caneuon a ganwn,
y gweddïau a lefarwn, y geiriau a glywn.

Datguddia dy hun, Dduw grasol,
o fewn dy deulu yma.
Yn ein siarad a'n gwrando,
ein dagrau a'n chwerthin, rhennir cariad.

Datguddia dy hun, Dduw grasol,
o fewn y dyddiau nesaf,
yn y mannau lle trigwn,
gyda'r bobl a gwrddwn, mewn gwaith a chwarae.

● **Moliant**

Mae'r ddaear hon, sy'n llawn o'th ogoniant,
yn clodfori dy enw
mewn geiriau mud o harddwch a thangnefedd;
yn datguddio dy gariad
drwy law'r dieithryn a rhodd gras.

Mae'r ddaear hon, sy'n llawn o'th ogoniant,
yn clodfori dy ddarpariaeth
drwy ddŵr rhedegog a bwyd i'w fwyta;
yn datguddio dy air
drwy fendithion dyddiol a bara'r bywyd.

Mae'r ddaear hon, sy'n llawn o'th ogoniant,
yn clodfori dy enw.

● Cyffes

Os methom adnabod dy gariad
yng ngweithred cyfaill neu ddieithryn,
maddau i ni.

Os methom adnabod dy lais
drwy glebran ein byd,
maddau i ni.

Os methom gofio dy gariad
ym mhrysurdeb ein bywyd bob dydd,
maddau i ni.

Adnewydda ein calonnau mewn addoliad.
Adnewydda ein meddyliau mewn doethineb.
Adnewydda ein dwylo mewn gwasanaeth
a boed i'n bywydau dyfu
yn offrwm bodlon i ti.

● Diolch

Rwyt yn ein herio i'th ddilyn,
nid drwy aros ble rydym
ond drwy gamu ymlaen mewn ffydd,
yn bwrw ein rhwyd i ddyfroedd dyfnach,
fel y gwnaeth Simon Pedr, y pysgotwr.

Rwyt yn ein herio i ymddiried ynot
a bod yn barod am bob
posibilrwydd,
hyd yn oed pan fo'r llwyth yn drwm
a'r daith yn anodd.

Ond gyda'th her
daw bendith,
wrth i rwydau tila gael eu llenwi
ac i fywydau toredig gael eu cyfannu,
wrth i wacter droi yn llawnder.

Diolch am yr her.
Rho i ni ddigon o ffydd i ddilyn
a digon o nerth i barhau.
Drwy Grist yn unig y gofynnwn.

YR YSTWYLL 6

JEREMEIA 17:5-10; SALM 1;
1 CORINTHIAID 15:12-20; LUC 6:17-26

● **Gweddi agoriadol**
Bydd gyda ni, Arglwydd, yn ein canu,
cin gweddïau a'n myfyrdod,
ac wrth i ni gyfarfod
bendithia ni a'n calonogi,
fel y byddom
yn fendith i'r rhai sydd tu allan i'r muriau hyn.

● **Moliant**
Ti yw ein caer
a'n hamddiffynnydd,
ein cysgod rhag y storm,
y byddwn yn cysgodi ynot
nes bo'r tawelwch yn disgyn.

Ti yw ein sylfaen,
y graig gadarn
lle mae ein hymddiriedaeth.

Cyfiawnder,
trugaredd,
cariad
a hedd wyt ti.
Ti yw popeth
sy'n llenwi ein gwacter.

● Cyffes

Pan brofir ffydd i'r eithaf
a ninnau'n baglu,
maddau i ni.

Pan fydd traed yn gadael y llwybr
a ninnau'n crwydro,
maddau i ni.

Pan yw ein cymydog mewn angen
a ninnau'n cerdded heibio,
maddau i ni.

Pan yw lleisiau'r byd hwn
yn boddi dy sibrwd,
maddau i ni.

Pan yw cariad yn
ein denu at dy draed
mewn edifeirwch,
maddau i ni.

● Diolch

Arweinydd: Dduw cariad
Pawb: Rwyt yn deilwng o'n diolch.

Am gariad sy'n cynnig adnewyddiad
i bawb sy'n yfed ohono,
goleuni i bawb sy'n cerdded ynddo,
nerth i bawb sy'n gobeithio ynddo:

Arweinydd: Dduw cariad
Pawb: Rwyt yn deilwng o'n diolch.

Am gariad sy'n cynnig iachâd
i bawb sydd ei angen,
llawnder i bawb sy'n byw ynddo,
bendith i bawb sy'n rhoi ohono:

Arweinydd: Dduw cariad
Pawb: Rwyt yn deilwng o'n diolch.

YR YSTWYLL 7

**GENESIS 45:3-11, 15; SALM 37:1-11, 39-40;
1 CORINTHIAID 15:35-38, 42-50; LUC 6:27-38**

● Gweddi agoriadol

Dduw ddoe, heddiw ac am byth, diolchwn i ti am dy ofal cariadus,
dy amddiffyn a'th nerth. Fel y gallai Joseff, a ollyngwyd mewn
caethwasiaeth am gyfnod, ddatgan yn ffyddiog i bob rhan o'i
fywyd gael ei fyw yn unol â'th ewyllys, felly hefyd gofynnwn
ninnau am i'n bywydau cyfan fod yn dystiolaeth i'th gariad, a'th
drugaredd, a'th ras tragwyddol.

● Moliant

Alpha ac Omega,
dechrau a diwedd
pob peth,
Creawdwr,
Cynhaliwr,
Darparwr,
yn dy enw ymgasglwn,
wrth dy draed ymgrymwn.

Tarian ac amddiffynnydd,
tŵr noddfa
i'r blinedig,
Gwaredwr,
Iachawdwr,
Maddeuwr,
yn dy enw addolwn
ac wrth dy draed ymgrymwn.

● Cyffes

Byddwn yn llonydd o flaen yr Arglwydd;
gorffwyswn yn dawel yn ei bresenoldeb;
gwrandewch.

(Saib)

Down â geiriau o flaen yr Arglwydd
a allai fod wedi brifo eraill,
anogaeth na rannwyd mohoni,
dicter yn ein calon,
eiddigedd a borthwyd gennym.
Byddwn yn llonydd gerbron yr Arglwydd;
gorffwys yn dawel yn ei bresenoldeb;
gwrandewch.

(Saib)

Mae'r Arglwydd yn araf i ddigio,
yn barod i faddau,
yn llawn gras.

(Saib)

Dewch yn agos ato;
gorffwyswch yn dawel yn ei bresenoldeb;
gwrandewch.

● Diolch

Dduw Dad,
Creawdwr a Darparwr,
sy'n ymhyfrydu ym mywyd pawb
sy'n byw mewn ufudd-dod diolchgar i'w ewyllys,
dygwn atat offrwm-diolch ein calonnau.

Dduw Fab,
Gwaredwr a Iachawdwr,
sy'n croesawu pawb sydd, mewn gostyngeiddrwydd,
yn dod atat o wirfodd yn weision a disgyblion,
dygwn atat offrwm-diolch ein dwylo.

Dduw Ysbryd Glân,
Grym a Chynhaliwr,
dŵr bywiol sy'n llifo i mewn i bawb
sy'n agored i bosibilrwydd geni newydd,
dygwn atat offrwm-diolch ein bywydau.

YR YSTWYLL 8

ESEIA 55:10-13; SALM 92:1-4, 12-15; 1 CORINTHIAID 15:51-58

● **Gweddi agoriadol**

Wrth i ni ddod ynghyd i addoli
ymunwn â'r côr nefol
sydd ddydd a nos yn canu,
'Sanct, sanct, sanct
yw'r Arglwydd Dduw hollalluog,
yr hwn oedd, sydd ac sydd i ddod.'
Achos ti, Arglwydd, sydd deilwng
i dderbyn gogoniant, anrhydedd
a moliant ein calonnau
a'n lleisiau,
heddiw a phob dydd.

● **Moliant**

Mae'n syniad mor rhyfeddol,
y tu hwnt i'n deall,
bod y Duw a luniodd y nefoedd
a gosod y ddaear hon ynddi,
wedi'i gwisgo â'r fath harddwch,
a'i hau gyda bywyd
ac anadl
a disgwyl,
yn darparu'n ddyddiol ar gyfer
y rheini sy'n byw ar ei glannau.

Dduw Greawdwr, molwn di
am ddarpariaeth mor helaeth
o ddŵr a grawn
a phopeth sydd ei angen i fyw.
Dduw grasol, rwyt yn ein caru
yn fwy nag y gallem wybod,
gan borthi corff, enaid ac ysbryd,
yn adeiladu pobl i ti dy hun.

Bloeddiwch i'r Arglwydd, yr holl ddaear;
canwn ogoniant ei enw!

● **Cyffes**
Dduw gras,
maddau ein diffyg diolch
am y bendithion a dderbyniom.
Cymorth ni i fyw y ffydd a gyhoeddwn.

Dduw heddwch,
maddau ein diffyg amynedd
at waith ein cymydog.
Cymorth ni i fyw y ffydd a gyhoeddwn.

Dduw cariad,
maddau ein diffyg goddefgarwch
at bobl o ffydd arall neu o'r un.
Cymorth ni i fyw y ffydd a gyhoeddwn.

Dduw trugaredd,
maddau ein diffyg parodrwydd
i ddilyn lle cerddai dy draed.
Cynorthwya ni i fyw y ffydd a gyhoeddwn.

Dduw gobaith,
derbyn ein hedifeirwch
yn offrwm aberth.
Cynorthwya ni i ddwyn gogoniant i'th enw.

● **Diolch**
Ble preswylia dy gariad,
yno mae llawnder;
ble triga dy heddwch,
yno mae cytgord;
ble mae dy Ysbryd yn byw,
yno mae rhyddid.

Dduw y sibrwd ysgafn,
yr awel dyner,
y porfeydd glas
a'r persawr melys,
mwyda ein bywydau
gyda phopeth sy'n dda,
yn bur a sanctaidd,
a dygwn offrwm peraidd
o ddiolch a moliant,
ble bynnag y byddwn.

SUL YN DILYN YR YSTWYLL / Y GWEDDNEWIDIAD

EXODUS 34:29-35; SALM 99; 2 CORINTHIAID 3:12–4:2; LUC 9:28-36 [37-43]

● Gweddi agoriadol

Cyfarfyddwn heddiw, Arglwydd Dduw, nid fel yn amser Moses
pan oedd mur pendant, y llen, yn gwahanu'r bobl o'th bresenoldeb,
ond yn yr wybodaeth sicr i len y deml gael ei rhwygo'n ddau pan
fu dy Fab farw ar y groes drosom, gan roi mynediad i ni i'r lle
mwyaf sanctaidd.
Gyda'r hyder hwn y down at dy orsedd â'n haberth moliant, a
gofyn i ti ein bendithio â'th bresenoldeb, agosâ atom a'n galluogi
i'th nabod yn well.

● Moliant

Ryfeddod pur, Creawdwr popeth,
mae goleuni dy ogoniant
yn llenwi'r nefoedd;
mae anadl dy Ysbryd
yn chwythu drwy'r awyr;
mae'r sêr uwchben yn dystion mud
i rym ein Duw.

Drwy dy air y gwnaed popeth;
drwy dy anadl cynhelir popeth.
Drwy dy law y lluniwyd ni
fel y bydd crochennydd yn mowldio clai,
wedi ein llunio o bridd y ddaear

i fod yn ddelw'r dwyfol.
Drwy dy ras safwn yma,
dy greadigaeth yn addoli ei chrëwr
gydag aberth moliant.

● **Cyffes**
Am y dyddiau hynny pan anghofiwn
pa mor agos wyt
a'r croeso mawr sydd i'n gweddi:

Arweinydd: Yn dy drugaredd
Pawb: Maddau i ni.

Pan dynnir ni fel arall a'n sylw yn symud
a ninnau yn ffafrio
clywed galwad y byd:

Arweinydd: Yn dy drugaredd
Pawb: Maddau i ni.

Pan fo'n haddoli yn methu dy blesio
am nad yw ein bywydau
mewn priodas â'r geiriau a ddefnyddiwn:

Arweinydd: Yn dy drugaredd
Pawb: Maddau i ni.

Cofleidia ni eto, annwyl Arglwydd,
mewn cymdeithas gariadus gyda thi.
Tyn ni yn nes at dy orsedd
a datguddia dy hun unwaith eto.

● Diolch

Dad hollalluog,
dechrau a diwedd popeth ydym,
y gobaith y glynwn wrtho,
atat ti y dygwn ein hoffrwm diolch.

Iesu Grist,
Gair Duw a ddaeth yn gnawd,
yr un y cerddwn yn ôl ei droed,
atat ti y dygwn ein hoffrwm diolch.

Ysbryd Glân,
sy'n creu anadl a bywyd i bopeth,
presenoldeb bywiol yn ein calonnau,
atat ti y dygwn ein hoffrwm diolch.

Dri yn un,
bydd di'r undeb rhwng ein bywydau,
y goleuni sy'n ein goleuo
a'r graig y cerddwn arni,
heddiw a phob dydd.

Y GRAWYS 1

DEUTERONOMIUM 26:1-11; SALM 91:1-2, 9-16; RHUFEINIAID 10:8B-13; LUC 4:1-13

● Gweddi agoriadol

Heddiw cyfarfyddwn i ddatgan ein ffydd
yn Nuw y Tad, Creawdwr popeth,
yn Nuw y Mab, ein Gwaredwr a'n Harglwydd,
yn Nuw yr Ysbryd, dri yn un.
Heddiw cyfarfyddwn i foli ein Duw.

● Moliant

Arweinydd: Am fendithion pob dydd
Pawb: Molwn dy enw sanctaidd.

Am nerth i ddal ati
ar adegau anodd,
cysgod rhag storm,
a'th freichiau i amddiffyn.

Arweinydd: Am fendithion pob dydd
Pawb: Molwn dy enw sanctaidd.

Am ôl troed i'w dilyn
a thi yn arweinydd,
a'r gras ddaw i'r golwg
drwy ein gweithred a'n gair.

Arweinydd: Am fendithion pob dydd
Pawb: Molwn dy enw sanctaidd.

Am ffydd i gredu
a chalon wedi'i llenwi â gobaith,
dy bresenoldeb yn agos
o foment ein deffro.

Arweinydd: Am fendithion pob dydd
Pawb: Molwn dy enw sanctaidd.

● **Cyffes**
Gelwi ni i ddilyn
ac mae ein traed yn baglu;
estynni dy law
ac fe'th gyfrifwn yn ddieithryn;
sibrydi ein henwau
a ninnau yn dy anwybyddu.
Dduw grasol,
araf i ddigio,
cyflym i fendithio,
   maddau i ni,
      adnewydda ni.

Caniatâ i ni galonnau sy'n sefyll yn gadarn,
ffydd sy'n gryf
a gobaith sy'n para,
er mwyn i ni ddod
yn weision ewyllysgar
i'n brenin nefol,
a'th ogoniant di a'th glod
y gân a ganwn.

● Diolch

Weithiau byddi di yn ein harwain
drwy dy Ysbryd
i fannau anial
lle profir ffydd,
ond wnei di mo'n gadael
ar ein pen ein hunain.

Weithiau byddi di yn ein harwain
drwy dy Ysbryd
i fannau anodd
ble mae angen geiriau,
ond dy lais *di* a glywir,
nid ein un ni.

Weithiau byddi di yn ein harwain
drwy dy Ysbryd
i fannau diffaith
lle mae angen cysur,
ond dy ddwylo *di* ddaw â heddwch,
nid ein rhai ni.

Am y mannau lle'n harweini
a'r Ysbryd a roddi i ni,
down â'n hoffrwm diolch.

Y GRAWYS 2

**GENESIS 15:1-12, 17-18; SALM 27;
PHILIPIAID 3:17–4:1; LUC 9:28-36**

● Gweddi agoriadol

Down ynghyd i addoli Duw Abraham, Duw Jacob a Duw Dafydd.
Addolwn yr unig wir Dduw, creawdwr pob peth, Arglwydd pob
peth, ein grym a'n gobaith, ein goleuni a'n hiachawdwriaeth. Down
ynghyd yn deulu, wedi ein huno â dwylo cymdeithas, brodyr a
chwiorydd ein Tad nefol.

● Moliant

Am beth mwy y gallem ofyn
na chael syllu ar dy harddwch
gyda llygaid a chalon ffydd
wrth i ni ddal i deithio gyda thi?
Ar adegau llawnder
ac adegau prinder,
mewn mannau uchel ac isel,
cedwi ni yn ddiogel,
ein cysgodi rhag cam.

Am beth mwy y gallem ofyn
na chael syllu ar dy harddwch
gyda llygaid i weld a gobaith
wrth i ni deithio gyda thi?

Ar adegau amau
a ffydd frau,
yn dioddef ac mewn poen,
fe'n cofleidi'n dynn.
Beth allwn ofni?

Am beth mwy y gallwn ofyn
na chael syllu ar dy harddwch?

● **Cyffes**
Mae'r llwybr a gerddwn
yn orlawn yn aml o atyniadau
sy'n achosi i ni faglu.

Arweinydd: Dysga dy ffordd i ni, O Arglwydd
Pawb: Ac fe ddilynwn yn ôl dy droed.

Mae'r llwybr a gerddwn
yn aml yn cael ei ddewis
heb fawr o feddwl
am y pen draw.

Arweinydd: Dysg dy ffordd i ni, O Arglwydd
Pawb: Ac fe ddilynwn yn ôl dy droed.

Mae'r llwybr a gerddwn
yn aml wedi'i gymylu
â diffyg ffydd
a gwamalrwydd.

Arweinydd: Dysga dy ffordd i ni, O Arglwydd
Pawb: Ac fe ddilynwn yn ôl dy droed.

● Diolch

Gyda'th bresenoldeb yn ein hymyl,
pwy all faglu?
Rwyt yn ein harwain o dywyllwch
i fannau brafiach,
dyddiau newydd sbon
a chyfleoedd.

Gyda'th bresenoldeb yn ein hymyl,
pwy all faglu?
Deui â ni o le cyfarwydd
i fannau cyffrous,
ac yn lle ofn
rhoi posibiliadau.

Gyda'th bresenoldeb yn ein hymyl,
pwy all faglu?
Fe'n harweini i gysgodi
mewn llefydd heddychlon
yn ystod stormydd bywyd
a'i helbulon.

Am dy bresenoldeb,
dy arweiniad,
dy gysgod,
diolchwn i ti, Arglwydd.

Y GRAWYS 3

ESEIA 55:1-9; SALM 63:1-11;
1 CORINTHIAID 10:1-13; LUC 13:1-9

● **Gweddi agoriadol**

Hwn yw'r dydd a wnaeth yr Arglwydd;
llawenhawn yn y cyfan a roddodd.
Dewch y newynog, i borthi ar ei air.
Dewch y sychedig, i yfed o'i gariad.
Dewch y ffyddloniaid, i addoli yr Arglwydd.
Hwn yw'r dydd a wnaeth yr Arglwydd;
llawenhawn yn y cyfan a roddodd.

● **Moliant**

Dad ffyddlon, yr un y mae dy gariad yn llifo
fel afon dros dir sych,
yn adnewyddu a bywiocáu.

Fab annwyl, air y bywyd
i'r rhai sy'n sychedu am wirionedd
mewn byd sy'n orlawn o gelwydd.

Ysbryd grasol, awel dyner,
grym a chysur
i galonnau sychion.

Dri yn un, yr un bendigaid,
yr undod y glynwn wtho,
ddŵr bywiol,
fara'r bywyd,
atat ti down â'n moliant.

● Cyffes

Pan fo'n calonnau yn fodlon
ond ein meddyliau'n gymysglyd
o achos y byd rydym yn symud ynddo,
maddau i ni.

Pan fo'n heneidiau yn sychedig
a ninnau'n yfed y dŵr
sy'n sychu mor rhwydd,
maddau i ni.

Boed i ni geisio dy wyneb
mewn byd sy'n dy anwybyddu;
boed i ni glywed dy lais
mewn byd sydd â'i lygad ar 'Fi';
boed i ni nabod dy drugaredd
a'i rannu ar ein taith
heddiw a phob dydd.

● Diolch

Mewn byd sy'n llawn gwrthdaro,
ti yw'r heddwch sy'n dal,
yn galon o gariad sy'n curo
yn eneidiau pawb sy'n cyffesu dy enw.

Arweinydd: Dduw cariad
Pawb: Down â'n diolch dwfn.

Mewn byd sy'n llawn amheuon,
rwyt yn aros i gael dy ddarganfod,
y dŵr bywiol
sy'n adnewyddu pawb sy'n gofyn y cwestiwn 'Sut?'

Arweinydd: Dduw cariad
Pawb: Down â'n diolch dwfn.

Mewn byd sy'n llawn pechod,
rwyt yn drugaredd a gras
gaiff ei gynnig yn rhad
i bawb sy'n estyn llaw i dderbyn.

Arweinydd: Dduw cariad
Pawb: Down â'n diolch dwfn.

Y GRAWYS 4

JOSUA 5:9-12; SALM 32;
2 CORINTHIAID 5:16-21; LUC 15:1-3, 11B-32

● **Gweddi agoriadol**

Addolwn di, Dduw'r addewid; dy ras achubol ddaeth â chenedl
o gaethiwed i wlad yr addewid, ac mae dy gariad parhaus yn
dal i'n harwain o fannau caethiwed i heddwch, maddeuant a
bywyd tragwyddol. Mae dy addewidion yn para byth. Caiff dy
addewidion eu cyflawni.

● **Moliant**

Dduw y daith,
Dduw dechreuadau newydd,
darpariaeth,
cyfeiriad
a chyrchfan,
molwn dy enw gogoneddus.

Dduw y daith,
Dduw creadigaeth newydd,
cyfanrwydd,
maddeuant,
cymod,
molwn dy enw gogoneddus.

Dduw y daith,
Dduw posibiliadau newydd,
gwasanaeth,
bendith
a diolchgarwch,
molwn dy enw gogoneddus.

● Cyffes

Rho i ni barodrwydd
i ddweud 'sori'
a chalon edifeiriol.

Rho i ni agwedd plentyn
i dderbyn dy air
a nabod dy faddeuant.

Rho i ni ostyngeiddrwydd
i ddechrau o'r newydd
a chefnu ar y gorffcnnol.

Dduw gras a thrugaredd,
bydd y cychwyn newydd
sy'n dechrau gyda'n hedifeirwch
ac yn ein harwain i'r yfory.

● Diolch

Sut y gallwn ddiolch i'r un sydd yn maddau,
sy'n ein caru a'n derbyn,
na fydd yn ein gwrthod?

Drwy offrymu ein calonnau,
gwasanaeth ein bywydau
ac offrwm moliant.

Sut y gallwn ddiolch i'r un sy'n ein caru,
roddodd ei fywyd drosom,
sy'n ein hiacháu a'n hadnewyddu?

Drwy ein hagwedd at eraill,
y cydymdeimlad a ddangoswn
a ffydd sy'n tyfu.

Y GRAWYS 5

ESEIA 43:16-21; SALM 126;
PHILIPIAID 3:4B-14; IOAN 12:1-8

● **Gweddi agoriadol**

Yn ein cymdeithasu,
ein canu a'n gweddi,
clywn dy lais
yn sibrwd yn ein bywydau,
'Edrych, rwy'n gwneud peth newydd!'
Dduw dechreuadau newydd,
rho i ni galon newydd i addoli,
calon newydd i'th bobl,
cariad newydd at gymydog
a pharodrwydd newydd i wasanaethu,
er mwyn i'th enw gael ei ddyrchafu yn uchel
yn y lle hwn ac yn ein bywydau.

● **Moliant**

Dy adnabod di, Arglwydd –
beth mwy y gallem ddyheu amdano?
Adnabod dy gariad,
clywed dy alwad,
clywed dy gyffyrddiad,
deall dy ddioddef,
a dilyn lle cerddaist ti
i fywyd yr atgyfodiad.

Dy adnabod di, Arglwydd –
beth mwy y gallem ddyheu amdano?

Rhedeg y ras,
canolbwyntio,
llawn o'r Ysbryd,
yn baglu ond yn codi,
yn anelu am dragwyddoldeb gogoneddus
y bywyd atgyfodedig.

● **Cyffes**
Maddau i ni pan flinwn ar y daith
a chrwydro oddi ar y llwybr,
pan fo ein calon â'i bryd
nid ar y nod
ond ar ryw draeth pell
nad yw'n cynnig ond rhyddhad dros dro.

Maddau i ni pan fo'r goleuni
a ddisgleiriai unwaith
yn ein henaid yn pylu,
pan nad yw'n cariad
yn canoli ar y Gwaredwr
ond ar fodloni'r hunan,
ac sy'n ein harwain i gyrchfan
hollol wahanol.

Maddau;
  adfer;
    ailgyfeiria;
     adnewydda;
ailgynnau'r tân ynom,
er mwyn i ni oleuo'r ffordd
y mae cymaint yn dymuno'i theithio.
Trwy Iesu Grist yn unig y gofynnwn.

● Diolch

Arglwydd, cyflwynwn y weddi hon
o ddiolch
yn offrwm peraidd
sy'n codi o galonnau diolchgar
i'th bresenoldeb gogoneddus.

Bydded
yn offrwm diolch
am gariad a dywalltwyd
i'n gollwng ni yn rhydd.

Bydded
yn offrwm diolch
am nerth a ffydd
ar ein taith ddyddiol.

Bydded
yn offrwm diolch
a droir trwy ras
yn wasanaeth i ti, Arglwydd.

Y GRAWYS 6 /
SUL Y BLODAU

LITWRGI'R SALMAU: SALM 118:1-2, 19-29; LUC 19:28-40
LITWRGI'R DIODDEFAINT: ESEIA 50:4-9A; SALM 31:9-16;
PHILIPIAID 2:5-11; LUC 22:14–23:56

● **Gweddi agoriadol**
Cyfarfyddwn ynghyd
ym mhresenoldeb Duw,
y mae ei gariad yn rhyddid,
y mae ei gyffyrddiad yn iechyd,
y mae ei lais yn dangnefedd.

Arglwydd, mae dy Ysbryd gyda ni
wrth i ni ymuno i addoli;
mae dy Ysbryd gyda ni
wrth i ni ymuno mewn gwasanaeth.

Boed i'th gariad ddwyn rhyddid,
dy gyffyrddiad ddwyn iechyd
a'th lais y tangnefedd
a gymerwn o'r lle hwn
a'i rannu gyda phawb a gwrddwn
y dyddiau sy'n dod,
fel y gogonedder
dy enw di yn unig.

● **Moliant**
Hosanna!
Hosanna yn y goruchaf!
Cwyd y gri o'r ddaear i'r nef
gyda lleisiau angylion yn eco i'r cytgan –
corws nefol,
llawnder o foliant
i'r un sy'n dyfod
yn enw yr Arglwydd.

Hosanna!
Hosanna yn y goruchaf!
Bendigaid wyt ti, Fab Duw,
yn marchogaeth yn fuddugoliaethus i'r groes –
yn aberth
a rhodd bywyd
i'r un sy'n penlinio
wrth draed yr Arglwydd.

Hosanna!
Hosanna yn y goruchaf!

● **Cyffes**
Pan fydd balchder
a hunanoldeb
yn cymylu ein gweld,
a lleisiau'r byd
yn drysu ein cenhadaeth,
boed i'th ewyllys di,
nid ein un ni, gael ei gwneud.

Bydd y canol,
craidd
popeth ydym.
Bydd yr un
y dibynnwn arno.
Ym mhob penderfyniad
a wnawn
boed i'th ewyllys di,
nid ein un ni, gael ei gwneud.

● **Diolch**
I'r rhai sy'n newynu,
ti yw bara'r bywyd.
I'r rhai sy'n sychedu,
ti yw'r nant sy'n bywiocáu.
I'r rhai sy'n galaru,
rwyt yn llaw sy'n dal.
I'r rhai mewn angen,
rwyt yn gyfaill diflino.
I'r rhai sy'n cwestiynu,
ti yw'r un a geisiant.
I'r rhai sy'n ddall,
ti sy'n arweinydd.
I'r rhai sy'n gofyn,
ti yw Mab Duw.
I'r rhai sy'n penlinio,
ti yw'r brenin maddeugar.

Rhown ddiolch i ti
am bopeth wyt ti
i ni.

DYDD GWENER Y GROGLITH

ESEIA 52:12–53:12; SALM 22;
HEBREAID 10:16-25 [HEBREAID 4:14-16; 5:7-9];
IOAN 18:1–19:42

● **Gweddi agoriadol**

Dduw cariad,
mewn moment o dawelwch
cofiwn pam ein bod yma.
(Saib)
Dduw gras,
mewn moment o dawelwch
cofiwn y rhodd fwyaf i gyd.
(Saib)
Dduw cariad a gras,
yn ein hamser ynghyd
bydd y fendith a dderbyniwn heddiw.

● **Moliant**

Felly y carodd Duw y byd
fel y creodd ni ar ei ddelw,
i bartneru â'r cread
a'i gadw yn ein gofal.

Felly y carodd Duw y byd
fel yr achubodd ni o'n caethiwed,
a'n harwain drwy ein diffeithwch
i'r wlad a addawyd.

Felly y carodd Duw y byd,
fel y rhydd bopeth, agor ei galon,
teithio at y groes
ac agor ei freichiau yn llydan
i ni ymgasglu yn ddiogel o'u mewn.

● **Cyffes**
Dduw grasol, maddau i ni
pan fethwn ddeall
dyfnder y tristwch
oedd yn dy galon
wrth i'th bobl unwaith eto
wrthod yr un a'u gwnaeth.
(Saib)
Dduw grasol, maddau i ni
pan fethwn ddeall
dyfnder y cariad
a geisiodd ddwyn
plant gwrthryfel
yn ôl i freichiau cariadus
eu Tad.
(Saib)
Dduw grasol, maddau i ni
pan fethwn ddeall
dyfnder dy ras,
sy'n agor yn llydan
gatiau'r nefoedd i bawb
sy'n derbyn y rhodd a cherdded i mewn.
(Saib)

● Diolch

Dechreuodd y daith
gyda chroeso i'r arwr,
Haleliwia,
canghennau palmwydd,
tyrfa'n clapio,
glanhau'r deml.
Daeth i ben
gyda ffrind yn bradychu,
tyrfa'n gwawdio,
coron ddrain,
gwaed yn llifo,
gwrthod.

Am ddirgelwch
iachawdwriaeth,
a Gwaredwr
yn ymestyn ei freichiau
i groesawu,
rhown ddiolch i ti.

SUL Y PASG

ACTAU 10:34-43; SALM 118:1-2, 14-24; 1 CORINTHIAID 15:19-26; IOAN 20:1-18

● **Gweddi agoriadol**

Hwn yw'r dydd pan gydnabyddwn wirionedd yr atgyfodiad a'r cyfan a olyga i ni. Hwn yw'r dydd pan ymunwn â'r salmydd a chyhoeddi, 'Daeth yr Arglwydd yn iachawdwriaeth i mi. Fyddaf i ddim farw, caf fyw, a chyhoeddaf yr hyn a wnaeth!'
Dduw yr atgyfodiad, codwn ein lleisiau
a'n dwylo atat ti wrth addoli,
am ddirgelwch mawr dy gariad tuag atom,
am dristwch dwfn dydd Gwener y Groglith
ac am y gobaith a ddwg y Pasg.
Siarad â ni yn dy air
a'r emynau a'r caneuon a ganwn,
fel bo'r lle hwn yn atseinio â llawenydd.

● **Moliant**

Halelwia!
Iesu a gyfododd!
Efe a gyfododd yn wir!

Boed i'r datganiad hwn
atseinio nid yn unig o fewn y muriau hyn
ond hefyd ym mywydau pawb a gwrddwn.
Boed iddo wastad
fod y gwirionedd y soniwn amdano.

Mae dy gariad,
a heuwyd unwaith mewn gardd,
y gofalwyd amdani i'th bobl,
a anwybyddwyd ac a wrthodwyd,
bellach yn gwasgar ei berarogl
yn y lle hwn
a ble bynnag y'i dangosir.

Halelwia!
Iesu a gyfododd!
Efe a gyfododd yn wir!

● **Cyffes**
Pan saif ein ffydd
wrth y bedd,
yn galaru am garreg a symudwyd ymaith,
maddau i ni.

Pan fo'n ffydd
yn brin o ddeall,
er bod y gwir yno yn amlwg,
maddau i ni.

Pan fo'n ffydd
ynghanol amheuon
heb weld dim pellach
na bedd gwag heddiw,
maddau i ni.

Atgoffa ni o gri Mair,
'Gwelais yr Arglwydd!'
a chaniatâ i ni ffydd i gredu.

● Diolch

Diolchwn i ti
nad am *ryw* bobl
y mae'r Pasg
ond am yr *holl* bobl,
bod dy gariad
a'th iachawdwriaeth
ar gyfer pawb sy'n cyffesu
gyda llais, calon a bywyd
bod y bedd yn wag.
Atgyfododd Iesu,
er mwyn in brofi
maddeuant,
ac i lawer gael eu
haileni
ac i'th enw
gael ei ogoneddu
yn awr a hyd byth.

Y PASG 2

ACTAU 5:27-32; SALM 118:14-29; DATGUDDIAD 1:4-8; IOAN 20:19-31

● **Gweddi agoriadol**
I'th bresenoldeb y down,
Dduw gras a heddwch,
a fu ac sydd ac a fydd byth,
y tragwyddol un.
Mewn cymdeithas y down,
wedi ein rhwymo ynghyd yn y cariad
a fu farw ac a gyfododd eto,
ein Gwaredwr Iesu Grist.

● **Moliant**
Dymuna'r byd ddistewi dy enw
ond fyddwn ni ddim yn dawel.
Dymuna'r byd wadu dy enw
ond byddwn ni yn ei lefaru.

Dduw pob dechrau,
a anadlodd a'r byd yn dod yn fyw,
a siaradodd a'r byd yn symud,
a garodd a dod â ni i ardd,
rhodd gras yn darparu ar ein cyfer.

Dduw ein hiachawdwriaeth,
a ddewisodd bobl iddo'i hun,
a siaradodd air y bywyd,
a arllwysodd gariad pur, ac mewn gardd
dangos i bobl beth all cariad wneud.

Dymuna'r byd ddistewi dy enw
ond fyddwn ni ddim yn dawel.
Dymuna'r byd wadu dy enw
ond byddwn ni yn ei lefaru.

● **Cyffes**
Fe'n gelwi i fod yn lleisiau i ti yn y byd
a ninnau'n dal yn fud.
Fe'n gelwi i fod yn ddwylo i ti yn y byd
a ninnau'n eu cadw o'r golwg.
Fe'n gelwi i fod yn draed i ti yn y byd
a ninnau'n dilyn ein llwybr ein hunain.

Pan gyfarfyddwn rywun sy'n chwilio am y ffordd
a dweud dim, maddau i ni.
Pan gyfarfyddwn rywun sydd angen dy gyffyrddiad
a gwneud dim, maddau i ni.
Pan elwir arnom i godi dy groes
a chario dim, maddau i ni.

Anadla fywyd i'r esgyrn sychion hyn;
tyrd â rhyddid i'r bywydau hyn,
er mwyn i ni ddatgan
gyda chalon ac enaid a llais
mai ti yw ein Harglwydd a'n Duw.

● Diolch

Am dangnefedd
y tu hwnt i bob deall –
shalom –
dy ddyhead am bopeth
sy'n dda a ffrwythlon,
popeth a'n gwna yn gyfan,
diolchwn i ti.

Am ras
nas haeddwn,
rhyddid,
maddeuant am bopeth
sydd o'i le yn ein bywyd
sy'n ein cadw oddi wrthyt,
diolchwn i ti.

Am fywyd
a dywalltwyd ar groes –
iachawdwriaeth –
y dirgelwch cariad dwyfol hwnnw
lle gall pawb dy nabod yn Abba, Dad,
diolchwn i ti.

Y PASG 3

ACTAU 9:1-6 [7-20]; SALM 30; DATGUDDIAD 5:11-14; IOAN 21:1-19

● **Gweddi agoriadol**

Boed i Dduw bywyd, a siaradodd wrth galon Saul ar y ffordd i
Ddamascus, siarad gyda ni yn y lle hwn wrth i ni ddod ynghyd i
addoli, dod â'n gweddi a gwrano ar ei air. Boed i ni weld ei oleuni,
dilyn lle bo'n tywys a chael ein defnyddio mewn gwasanaeth, er
adeiladaeth ei eglwys.

● **Moliant**

Rwyt yn deilwng
i dderbyn gennym
yr anrhydedd a'r clod
sy'n ddyledus i'th enw,
Oen Duw,
a laddwyd trosom
o achos
ein pechod.
Yn awr iddo ef
sy'n eistedd ar yr orsedd
ac i'r Oen
sy'n ein harwain adre,
dangoser
clod ac anrhydedd,
gogoniant a grym
byth bythoedd.

● Cyffes

Llefari wrthym mewn llawer ffordd,
yn y syfrdanol
ac yn y sisial tawel,
ym mhrysurdeb y stryd
ac unigrwydd yr anialwch,
ym mynd a dod byw bob dydd,
tagfa draffig neu ddesg y swyddfa.

Llefari wrthym mewn llawer ffordd
a'n clustiau yn troi yn aml
at wahanol leisiau,
rhai uwch, sy'n mynnu mwy.

Maddau i ni
pan fethwn glywed dy lais
a dilyn doethineb y byd.
Maddau i ni
pan dynnwn ddagrau i'th lygaid.
Agor ein clustiau i glywed
a'n calonnau i wasanaethu,
er mwyn i'n bywydau
ddod â gwên i'th wyneb
a gogoniant i'th enw.

● Diolch

Am bob ateb i weddi,
Arglwydd grasol, diolchwn.
Am gyffyrddiad iachusol
a bywyd wnaed yn gyfan.
Am rannu cysur
yn nhymor oerfel.
Am ddrws yn agor
ac un arall yn cau.
Am fendithion anweledig
rhannu dy air.
Arglwydd grasol, diolchwn
am bob ateb i weddi.

Y PASG 4

ACTAU 9:36-43; SALM 23;
DATGUDDIAD 7:9-17; IOAN 10:22-30

● **Gweddi agoriadol**

Cawn lun rhyfeddol o Dduw'r bugail yn y Beibl, ac mewn rhannau o'r byd nid yw'r afacl dynn rhwng bugail a phraidd wedi newid llawer ers dyddiau'r Beibl. Mae dibyniaeth y defaid ar eu bugail am ddiogelwch a chynhaliaeth yn ddrych o'n perthynas â Duw.

Fugail da, sy'n ein harwain heibio'r dyfroedd tawel ac i borfa fras, bydd yn agos atom yn ein cyfarfod heddiw. Boed i ni borthi ar dy air, profi dy gysgod a chael ein cynnal gan dy Ysbryd, heddiw a phob dydd.

● **Moliant**

Dduw cariad,
gofali amdanom fel Bugail,
ein harwain at borfa fras a dŵr rhedegog.
Gofali amdanom fel Tad,
yn tynnu y rhai a geri i'th freichiau.
Gofali amdanom fel Gwaredwr,
yn maddau i bawb sy'n tynnu'n agos atat mewn ffydd.
Gofali amdanom fel Arglwydd a Brenin,
ein dwyn i galon dy deyrnas.
Dduw cariad,
gofali amdanom.
Pa fendith fwy all fod
na hyn?

● Cyffes

Pan grwydrwn oddi ar y llwybr a ddewisaist,
wedi'n denu gan addewid am well dyddiau,
ein temtio gan y tirlun o'n cwmpas,
chwilio am ffordd wahanol,
maddau i ni.
Dangos y ffordd well i ni –
cerdded yn ôl diogel dy droed,
gwrando ar dy lais yn ein galw,
bwydo ar dy air sy'n faeth,
byw ein bywyd mewn gwasanaeth diolchgar bob dydd.

● Diolch

Clod ac anrhydedd,
gogoniant a grym
sydd i'n Duw
byth bythoedd.
Derbyn yr offrwm hwn heddiw –
ein diolchgarwch
am y cwbl a wnest
ac a wnei eto yn ein bywydau;
a'n haberth ninnau,
y cwbl allem wneud i ti
a'r rhai y'n harweini atynt.
Clod ac anrhydedd,
gogoniant a grym
sydd i'n Duw
byth bythoedd.

Y PASG 5

ACTAU 11:1-18; SALM 148;
DATGUDDIAD 21:1-6; IOAN 13:31-35

● Gweddi agoriadol

Byddwn yn llonydd foment wrth i ni ddynesu at Dduw i'w addoli.
Fe'n hatgoffwn ein gilydd pam y daethom ynghyd yma heddiw.
Gwrandewch. Mae Duw yn siarad hyd yn oed yn sŵn pell y byd
o'n cwmpas.
Arglwydd Dduw, yn ein hamser byr gyda'n gilydd, agor ein llygaid
i ganfod dy weledigaeth am y lle hwn a'n rhan ninnau ynddo.
Dysga ni, clyw ein gweddi, ac arfoga ni i wasanaethu ble bynnag yr
ei â ni, i'th glod a'th ogoniant.

● Moliant

Molwch yr Arglwydd, yr holl nefoedd;
cyhoeddwch ei enw o gopa'r mynydd a llawr y dyffryn.
Molwch yr Arglwydd, haul, lloer a sêr;
cyhoeddwch ei enw dan awyr las a chysgod enfys.
Molwch yr Arglwydd, holl greaduriaid y ddaear;
cyhoeddwch ei enw mewn adain eryr a rhu llew.

Molwch yr Arglwydd, pob pennaeth a brenin;
cyhoeddwch enw'r un sy'n gwneud pob peth yn newydd.
Molwch yr Arglwydd, yr ifanc a'r hen;
cyhoeddwch ei enw, yr un y mae ei gariad grasol ar gyfer pawb.

Bydded i bob perchen anadl
foliannu yr Arglwydd.

● Cyffes

Fe'n ceri heb ofyn cwestiwn,
iacháu a dwyn llawnder
heb ragfarn,
ein cofleidio
fel rhiant ei blentyn.
Maddau i ni pan anghofiwn
a theimlo'n ynysig ac unig,
heb wybod ble i droi.
Maddau i ni pan siomwn di,
dewis y rhai a wasanaethwn
a pheidio â gwrando ar dy air.

Fe'n ceri heb ofyn cwestiwn;
boed i ni ddod â thrugaredd,
iachâd a thangnefedd
heb ragfarn
i bawb yr arweini ni atynt heddiw.

● Diolch

Dyw dy orchmynion ddim yn faich;
dy ffordd o fyw yw ein hesiampl,
olion dy droed i'w canfod yno.

'Cerwch eich gilydd;
gofalwch am blant,
brodyr, chwiorydd a dieithriaid.
Os ydych yn ddisgyblion i mi,
dangoswch i'r byd;
arddangoswch eich disgyblaeth
a charwch yr hoffus a'r digariad.
Dangoswch ras Duw i'r byd!'

Wrth i ni agor ein calonnau
a dilyn fel y dangosaist,
daw eraill i'th ganfod drwy ein geiriau
a'r bywyd rydym yn ei rannu.

Am y cariad a roddaist i ni
a'r bendithion a ddangosaist i ni,
rhown ddiolch i ti, Dduw cariad a gras.

Y PASG 6

ACTAU 16:9-15; SALM 67;
DATGUDDIAD 21:10; 21:22–22:5; IOAN 14:23-29

● **Gweddi agoriadol**
Boed i'r tangnefedd sydd y tu hwnt i ddeall,
sydd â'i wraidd
yn y Tad a'r Mab a'r Ysbryd,
fod gyda ni yn ein cyfarfod,
i lonyddu ein heneidiau
a rhwymo ein calonnau yn un.
Boed i sibrwd tyner
Duw gras
siarad â ni wrth addoli,
wrth ddarllen a deall yr ysgrythur,
a bod yn neges ein bywyd
wrth i ni ymadael â'r lle hwn.

● **Moliant**
Boed i'r cenhedloedd dy foli;
boed i'r holl genhedloedd dy foli!

Rwyt yn teyrnasu dros dy bobl gyda chyfiawnder a doethineb,
yn eu bendithio â gras a thangnefedd
ac yn cynaeafu ble yr heuir dy hadau.

Boed i'r cenhedloedd dy foli;
boed i'r holl genhedloedd dy foli!

O genhedlaeth i genhedlaeth
arweiniaist dy bobl at y dyfroedd bywiol
ac at ffrwythlondeb lle dangosir dy gariad.

Boed i'r cenhedloedd dy foli;
boed i'r holl genhedloedd dy foli!

● **Cyffes**
Pryd bynnag y bydd hunan yn cuddio angen eraill,
maddau i ni.
Pryd bynnag yr anghofiwn pwy yw ein cymydog,
maddau i ni.
Pryd bynnag y cerddwn heibio yr ochr arall,
maddau i ni.
Pryd bynnag yr anghofiwn ddweud 'Da iawn!'
maddau i ni.
Pryd bynnag yr anghofiwn y llwybr i'w gerdded,
maddau i ni.
Am yr holl adegau pan rown ddagrau yn dy galon,
tyn ni yn ôl i'th freichiau trugarog
a dysg i ni, unwaith eto, dy ffordd.

● Diolch

Arweinydd: Dduw y foment
Pawb: Diolchwn i ti am dy holl fendithion.

Ym mynd a dod bywyd bob dydd,
rwyt yn goleuo'r ffordd,
yn dangos y llwybr i ni ei gerdded
ac yn arwain ein calonnau a'n heneidiau mewn moliant.

Arweinydd: Dduw y foment
Pawb: Diolchwn i ti am dy holl fendithion.

Ym mynd a dod bywyd bob dydd,
does dim tywyllwch yn ein rhwystro;
mae dy ogoniant yn disgleirio yn ein calon
wrth i ni gerdded
ble rwyt ti yn ein harwain bob dydd.

Arweinydd: Dduw y foment
Pawb: Diolchwn i ti am dy holl fendithion.

DYDD YR ESGYNIAD

ACTAU 1:1-11; SALM 47;
EFFESIAID 1:15-23; LUC 24:44-53

● **Gweddi agoriadol**
Iesu atgyfodedig, esgynedig,
down ynghyd yn dy enw
i ddatgan ein ffydd
ac i addoli
Gwaredwr y byd,
ein Harglwydd a'n Brenin.

● **Moliant**
Pan estynnaist dy freichiau
ar y groes greulon honno
i groesawu pechaduriaid adre,
roedd dy gyfnod daearol bron drosodd.
Nawr, wedi esgyn
i'th orsedd nefol,
croesewi ni i fod y rhai
fydd yn denu eraill
at y groes, y bedd, a'r tu hwnt,
i fywyd newydd, teyrnas nefol,
a brenin atgyfodedig, dyrchafedig.

Halelwia!
Achos yr Arglwydd ein Duw,
yr Hollalluog, sy'n teyrnasu.

● Cyffes

Byddai'r byd yn barod i gredu
yn Iesu yr athro,
Iesu'r pregethwr,
Iesu'r iachäwr
a Iesu'r chwyldroadwr,
ond nid yng Ngwaredwr
atgyfodedig, dyrchafedig y byd.

Maddau i ni, Arglwydd,
pan gaiff ein ffydd ei siglo
a'i gwanhau
gan neges y byd,
a ninnau'n gwegian i gredu.
Bydd gyda ni ar ein taith
fel yr oeddet ar ffordd Emaus,
pan agoraist feddyliau dy ddisgyblion
i wirionedd pwy ydwyt.
Boed i ninnau fyw'r gwirionedd hwnnw
yn ein gweithredoedd a'n geiriau
a dwyn eraill i'th freichiau.

● Diolch

Mae gennym efengyl i'w chyhoeddi yn ddiolchgar,
i'w gwasgar drwy'r wlad:
am Iesu Grist,
a groeshoeliwyd, a fu farw,
a gyfododd ac a esgynnodd,
ac am yr eglwys, ac yntau yn ben.

Mac gcnnym cfcngyl i'w chyhocddi yn ddiolchgar,
a'i gwasgar drwy'r wlad:
Mab Duw,
wedi ei orseddu uchod,
yn dal i gofleidio'r pechadur
sy'n gwylaidd dderbyn ei gariad.

Y PASG 7

ACTAU 16:16-34; SALM 97;
DATGUDDIAD 22:12-14, 16-17, 20-21; IOAN 17:20-26

● **Gweddi agoriadol**

Cyfarfyddwn yn deulu yn dy bresenoldeb di, ein Tad nefol.
Cyfarfyddwn yn frodyr a chwiorydd yng Nghrist, gan dderbyn y
cyfrifoldeb a roed arnom – i garu ein gilydd fel y ceraist ti ni yn
gyntaf.
Cyfarfyddwn yn oleuadau i ti yn y byd tywyll hwn gan weddïo y
bydd eraill, drwy ein geiriau a'n bywydau, yn cael eu denu at dy
deulu ac yn dy dderbyn di yn Waredwr ac Arglwydd.

● **Moliant**

Arweinydd: Yr Arglwydd sy'n teyrnasu.
Pawb: Llawenhaed y ddaear!

Dduw Greawdwr,
anadl bywyd,
yn yr hwn y mae dechrau pob peth
ac at yr hwn y mae pob peth yn dychwelyd,
i'r Alpha a'r Omega y canwn.

Arweinydd: Yr Arglwydd sy'n teyrnasu.
Pawb: Llawenhaed y ddaear!

Dduw Waredwr,
achubydd,
ohono mae pob cariad yn tarddu,
i'w freichiau y'n denir ni i gyd,
i ti y dygwn yr offrwm hwn.

Arweinydd: Yr Arglwydd sy'n teyrnasu.
Pawb: Llawenhaed y ddaear!

● Cyffes
Dad nefol,
cymerwn ein byd yn ganiataol,
cam-drin ei harddwch a dinistrio
yr adnoddau a ddarperaist i ni.
Maddau i ni.

Dad nefol,
cymerwn ein ffydd yn ganiataol,
gan anghofio y cariad a'r gras
a dywalltodd dy Fab yn ddihunan trosom ni.
Maddau i ni.

Dad nefol,
cymerwn dy gariad yn ganiataol,
gan anghofio y caiff muriau eu rhwygo
a seiliau eu hysgwyd
i ddwyn rhyddid i ni.
Maddau i ni.

Dad nefol,
cymerwn fywyd yn ganiataol,
gan anwybyddu dy lwybr, dewis ein ffordd ein hunain,
ac fel afradloniaid, dychwelyd i weddi, Arglwydd da,
maddau i ni.

● Diolch

Mae'n braf
pan fydd dy blant yn byw mewn undeb,
a'th ewyllys yn cael ei chyflawni.
Ble bynnag y ceir heddwch,
ble bynnag yr heuir cariad,
yno gogoneddir dy enw
a bydd dy deyrnas.

Felly, pan ddangosir cariad
yn y lle hwn, diolchwn i ti.
Pan heuir heddwch
yn y lle hwn, diolchwn i ti.
Mae'n braf,
pan fydd dy blant yn byw mewn undod
a'th ewyllys yn cael ei chyflawni.

Y PENTECOST

ACTAU 2:1-21; SALM 104:24-34, 35B; RHUFEINIAID 8:14-17; IOAN 14:8-17 [25-27]

● **Gweddi agoriadol**

Arglwydd sofran, down ynghyd i ddathlu rhodd dy Ysbryd Glân i'th eglwys. Bendithia ni wrth i ni geisio dy wasanaethu heddiw. Llanw ni â'th Ysbryd, fel y llenwaist dy ddilynwyr yn gynnar un bore yn Jerwsalem dros 2000 o flynyddoedd yn ôl, er mwyn i ni fod yn lleisiau, yn ddwylo ac yn bresenoldeb i ti yn y byd, a denu eraill i'th deyrnas.

● **Moliant**

Dy Ysbryd di –
yn bresennol o ddechrau
pob dechreuad;
yn bresennol yn neges
y proffwydi;
yn bresennol yn y ddarpariaeth
i'th bobl;
yn bresennnol ym mywyd
a geiriau Iesu;
yn bresennol yn y groes
a'r croeshoelio;
yn bresennol ym mywydau
yr apostolion;
yn bresennol yn yr eglwys
rwyt yn ei nerthu.

Am dy Ysbryd,
presenoldeb y dwyfol
mewn calonnau a bywydau,
molwn dy enw.

● Cyffes
Cofiwn yr Ysbryd Glân,
y grym yn yr eglwys fore,
yn nerthu bywydau,
yn rhoi dewrder i'r gwangalon,
yn nerthu pysgotwyr i gynaeafu'r ddaear.

Cofiwn yr Ysbryd Glân,
y grym ym mywyd y saint,
a gyflwynodd eu bywydau
a goddef erledigaeth er mwyn
yr efengyl a'u ffydd gref.

Pan anghofiwn
aberth y rheini, drwy dy Ysbryd,
a wasgarodd fflam dy newyddion da,
maddau i ni.
Llanw ein bywydau, er mwyn i ni fyw i ti,
siarad drosot ti
ac, yn ddewr,
sefyll drosot.

● Diolch

Am Ysbryd heddwch
sy'n tawelu ein meddwl
ac yn llonyddu ein bywyd,
diolchwn i ti.

Am Ysbryd cariad
sy'n cyffwrdd calonnau
ac yn estyn llaw,
diolchwn i ti.

Am Ysbryd llawenydd
sy'n codi ein henaid
ac yn rhoi ffydd i ni,
diolchwn i ti.

Am Ysbryd grym,
rhodd gras
i ni, dy eglwys,
diolchwn i ti.

SUL Y DRINDOD

DIARHEBION 8:1-4, 22-31; SALM 8;
RHUFEINIAID 5:1-5; IOAN 16:12-15

● **Gweddi agoriadol**

Arglwydd Dduw, mewn bydysawd sydd mor anferth,
hawdd teimlo'n ddi-nod wrth sefyll yma heddiw.
Ac eto gwyddom ein bod yn werthfawr yn dy olwg,
unigolion unigryw a garwyd ac a fendithiwyd gynifer o ffyrdd.

Dyneswn gyda pharchedig ofn atat,
ti yr un a greodd bob peth,
a neilltuwn yr amser hwn a'n holl ddyddiau i'th wasanaethu.
Derbyn ein hoffrwm, os gweli'n dda,
aberth ein clod a'n haddoli.

● **Moliant**

Mae cynhesrwydd coflaid yr haul,
yr awel dyner sy'n marchogaeth y don
rhythm y tymhorau,
  geni newydd,
    marw ac ail-greu,
i gyd yn datgan yn glir dy gariad,
dy rym a'th harddwch;
mynegi dy greadigrwydd y maent i gyd
ac yn bwysicach, ti dy hun.
Fel y bydd artist yn rhannu ei bersonoliaeth
ym mhob cyffyrddiad brwsh,
felly ym myrddiwn lliwiau'r
blodau gwyllt
mae dy gariad yn gorlifo.

Mae cael cipolwg arnat yn y cread
yn datgan dy fod yn dymuno cael dy weld,
cael dy ganfod a'th adnabod.
Agor ein llygaid, Arglwydd, wrth i ni gerdded drwy'r byd,
clywed y gwynt a'r heulwen,
a gweld gogoniant y cread yn agor o'n blaen.
Cynorthwya ni i'th weld di.

● **Cyffes**
Dduw iachâd,
Dduw llawnder,
down â'n breuder,
ein pechod,
ein hofnau
a'n hanobaith,
a'u gosod wrth dy draed.

Dduw iachâd,
Dduw llawnder,
daliwn ein calonnau a'n dwylo,
ein meddyliau a'n heneidiau
i brofi dy gyffyrddiad
ac adnabod yr heddwch
na all neb ond ti ei ddwyn.

Dduw iachâd,
Dduw llawnder,
yn y foment werthfawr hon
yn dy bresenoldeb a'th rym,
caniatâ i ni ffydd a sicrwydd
mai yma y caiff bywydau toredig
eu cyfannu.

● Diolch

Ym mynd a dod bywyd bob dydd
rwyt gyda ni
yn ein teithio;
ti yw'r tangnefedd sy'n llonyddu ein heneidiau,
y llawenydd sy'n llenwi ein calonnau,
y gras sy'n gorlifo,
y cariad sy'n ein dwyn yn agos.
Ym mynd a dod bywyd bob dydd
rwyt gyda ni
yn ein teithio.

Am dangnefedd,
llawenydd,
cariad a gras,
a chynhesrwydd dy goflaid,
diolchwn i ti.

SUL CYFFREDIN 4

1 BRENHINOEDD 18:20-21 [22-29] 30-39; SALM 96; GALATIAID 1:1-12; LUC 7:1-10

● **Gweddi agoriadol**

Bendithia ni yn ein dod ynghyd,
Arglwydd grasol, yw ein gweddi.
Bendithia ganu yr emynau,
darllen y gair,
rhannu cymdeithas,
y gweddïau a glywir.
Bendithia ni yn ein dod ynghyd,
Arglwydd grasol, yw ein gweddi.

● **Moliant**

Mae'r nefoedd yn canu dy glodydd,
Dduw Greawdwr,
mae'r ddaear yn gweiddi mewn cân.
Mae holl weithredoedd dy ddwylo
yn eu harddwch
yn canu dy enw.
A ninnau, dy blant,
sy'n sefyll mewn rhyfeddod
gerbron popeth a wnaethost,
sy'n teimlo mor fach,
ac eto yn derbyn dy gariad,
yn codi ein dwylo a'n calonnau
ac ymuno â'r côr moliannus.
Mae'r nefoedd yn canu dy glodydd,
Dduw Greawdwr,
mae'r ddaear yn gweiddi mewn cân.

● Cyffes

Mae lleisiau dryslyd
yn ein tynnu oddi wrth dy air,
lleisiau dengar
yn hawlio cael eu clywed,
yn boddi'r llef ddistaw fain
y buom yn gwrando arni gynt,
gan ddwyn athroniaeth newydd
heb le ynddi i ti.

Maddau i ni
pan amheuwn dy air;
maddau i ni
pan arweinir ni ar gyfeiliorn.
Rho i ni ffydd gref,
a doethineb i wahaniaethu
rhwng gwirionedd
a beth nad yw'n wir.

● Diolch

Grëwr pob peth,
y caiff ei gelfyddyd ei dathlu
yng nghochni'r machlud, dawns y don
a nant y mynydd,
ti sydd â'r hawl ar ein hoffrwm diolch.

Gwaredwr pawb,
y datguddir dy ras
yn y dwylo iachusol, yr aberth
a'r groes greulon,
ti sydd â'r hawl ar ein hoffrwm diolch.

Anadl bywyd,
y dethlir dy rym
mewn tafodau tân, dŵr bywiol
a bywydau gaiff eu newid,
ti sydd â'r hawl ar ein hoffrwm diolch.

SUL CYFFREDIN 5

1 BRENHINOEDD 17:8-16 [17-24]; SALM 146; GALATIAID 1:11-24; LUC 7:11-17

● **Gweddi agoriadol**

Yn ein cyfarfod, dymunwn gofio ein bod yn dy addoli di, y Duw a greodd y byd, y Duw a siaradodd drwy ei broffwydi, a arweiniodd ei bobl o gaethiwed i ryddid, a iachaodd y cleifion, a fwydodd y newynog, ac oedd yn ffyddlon hyd yn oed wrth gael ei wrthod.

Dymuni i bawb gael eu tynnu at dy gariad a'th ras, a phrofi dy faddeuant a llawenydd dy iachawdwriaeth. Dymunwn roi o'r neilltu bopeth sy'n rhwystro, ac ymuno i addoli a moliannu.

● **Moliant**

Boed i'r Tad sy'n ffynhonnell popeth,
creawdwr, cynhaliwr a darparwr,
ganiatáu ei fendith
yng nghyfarfod ein bywydau heddiw.

Boed i'r Mab a roes ei fywyd dros bawb,
gwaredwr, iachawdwr ac aberth,
fod yn ganolbwynt
yng nghyfarfod ein bywydau heddiw.

Boed i'r Ysbryd sy'n dod â grym i bawb,
gwybodaeth, doethineb a fflamau tân,
fod yn anogydd
yng nghyfarfod ein bywydau heddiw.

Boed i'r Tad, y Mab a'r Ysbryd Glân,
y Duwdod a'r Drindod sanctaidd,
fod yr undeb
yng nghyfarfod ein bywydau heddiw.

● **Cyffes**
Gelwir ni i fod yn lleisiau i ti
yn y byd bregus hwn,
i ddwyn gofal,
heddwch a chyfiawnder,
i gysuro'r blinedig
a siarad dros y gwan.
Pam felly ein bod mor aml
yn gweld
   ond heb weithredu;
yn clywed
   ond heb siarad;
yn oedi
   cyn cyffwrdd?

Maddau, Dduw grasol,
i ni, dy ddisgyblion amharod,
a thrwy dy Ysbryd
adnewydda fywyd ynom.
Cynorthwya ni i fod y bobl ddylem fod.

● Diolch

Diolch am rodd heulwen
a glaw yn ei bryd,
am had, pridd a chynhaeaf,
darpariaeth at ein hangen ni
ac eraill, os rhannwn mewn cariad.

Diolch am rodd dŵr rhedegog
nad yw'n sychu,
a maeth dy air,
sy'n porthi ein henaid ni,
ac eraill, os rhannwn mewn cariad.

Am gariad sy'n para,
bendithion sy'n bodloni
a'r cyfle i rannu
y cyfan a roddaist,
down â'n diolch atat.

SUL CYFFREDIN 6

1 BRENHINOEDD 21:1-10 [11-14] 15-21A; SALM 5:1-8; GALATIAID 2:15-21; LUC 7:36–8:3

● **Gweddi agoriadol**

Wrth i'n bywydau ddod ynghyd, Arglwydd,
bydd yn ganolbwynt popcth ydym;
yng nghanu'r emynau,
y gweddïau a offrymwn,
y darllen ar dy air
a'r pregethu arno.
Wrth i'n bywydau ddod ynghyd, Arglwydd,
bydd yn ganolbwynt popcth ydym.

● **Moliant**

Dduw grasol, mae ein calonnau yn gweiddi
mewn moliant diolchgar
am bopeth a wnaethost.
Dy gampwaith
yn harddwch y cread;
dy ffyddlondeb
wrth arwain dy bobl;
dy ddoethineb
yng ngeiriau a gweithredoedd Iesu;
dy iachawdwriaeth drwy'r groes
a'r atgyfodiad;
dy addewid am deyrnas sy'n dragwyddol.

Dduw grasol, mae ein calonnau yn gweiddi
mewn moliant diolchgar.
Caniatâ i ni ffydd a all,
gyda'r apostol Paul, ddatgan,
'Nid myfi sy'n byw mwyach, ond Crist sy'n byw ynof fi!'

● **Cyffes**
Duw cyfiawnder wyt ti,
a Duw cariad.
Y tu mewn i'th natur
y mae ffynnon pob maddeuant,
rhyddid rhag popeth sy'n ein clymu,
adferiad perthynas.
Maddau ein harafwch i ollwng
baich ein pechod
a phechod eraill i'n herbyn.
Mae dy faddeuant di yn llwyr;
a'n maddeuant ni yn amodol.

Cynorthwya ni, Arglwydd,
nid yn unig i ymddiried yn dy air
a derbyn dy gariad maddeugar,
ond hefyd i ymestyn y gras hwnnw
at y rhai na allwn faddau iddynt yn rhwydd,
iddynt hwy a ninnau
brofi rhyddid a rhyddhad.

● Diolch

Diolch am bawb sy'n gweddïo trosom;
teulu a ffrindiau,
a dieithriaid sy'n dymuno dim
ond y gorau i ni –
shalom,
yr hedd sy'r tu hwnt i bob deall,
iechyd, gorffwys a llawnder.

Diolch am wrando.
Bendithia hwy wrth iddynt ein bendithio ni.
Diolch am yr enwau a'r wynebau
a osodi yn ein calonnau;
down â nhw atat yn awr
gan wybod yn sicr
eu bod eisoes yn dy feddyliau di,
a chaiff eu calonnau eu cynhesu
gyda'r *shalom* a ddygi.
Diolch am wrando.
Bendithia ni wrth i ni eu bendithio hwy.

SUL CYFFREDIN 7

1 BRENHINOEDD 19:1-4 [5-7] 8-15A; SALMAU 42–43; GALATIAID 3:23-29; LUC 8:26-39

● **Gweddi agoriadol**
Drindod gogoneddus,
gwna ni yn ymwybodol
o'th bresenoldeb yn y lle hwn
drwy ein haddoli a'n gweddi.
Boed i'r rhai na allant fod yma
o achos tostrwydd
neu amgylchiadau
dy adnabod,
er mwyn i bawb gael eu bendithio
gan dy bresenoldeb,
Drindod gogoneddus.

● **Moliant**
Dduw y daeargryn,
y gwynt a'r tân,
datguddi dy hun
yn y cyffredin
a'r anghyffredin,
mewn bywydau prysur byw bob dydd
ac mewn arwyddion a rhyfeddodau
sy'n ein hysgwyd i'n seiliau.
Clywir
gogoniant dy fawrhydi
yn sibrwd tyner
awel y gwanwyn,
ac yn rhu erchyll
y ddaeargryn.

Boed i'n clustiau a'n meddyliau
fod ar agor i'r posibilrwydd
dy fod yn siarad â ni,
a boed i'n calonnau
fod yn effro i'th alwad.

● **Cyffes**
Y bore hwn
a phob bore,
wrth i ni wynebu diwrnod
a ofnwn o achos disgwyliadau
a osodir arnom gan eraill,
yn drwm gan feichiau,
yn ansicr o beth ddaw,
ein gwrthwynebu,
  yn unig,
    yn ofnus,
atgoffa ni
i ti wynebu hyn
  a mwy,
er mwyn i ni ddod yn rhydd
o'r cadwyni sy'n ein clymu,
a chodi uwchlaw
  a'r tu hwnt
i drafferthion ein byd
a phrofi gwir heddwch
yn dy freichiau.

● Diolch

Gwnaethost gymaint drosom,
a ninnau eto heb ddweud wrth y byd
mor fawr yw ein Duw.

Paid â gadael i ni anghofio
yr iachâd a'r maddeuant a brofasom.
Paid â gadael i ni anghofio
ôl dy droed, lle dilynwn ninnau.
Paid â gadael i ni anghofio
yr hedyn cariad a heuwyd yn ein calonnau.
Paid â gadael i ni anghofio
dy drugaredd pe crwydrem oddi wrthyt.
Paid â gadael i ni anghofio
agosrwydd a gwres dy goflaid.
Paid â gadael i ni anghofio
dy aberth gwirfoddol drosom ni.

Gwnaethost gymaint drosom;
paid â gadael i ni anghofio dweud wrth y byd,
yn ddiolchgar,
mor fawr yw ein Duw.

SUL CYFFREDIN 8

2 BRENHINOEDD 2:1-2, 6-14; SALM 77:1-2, 11-20; GALATIAID 5:1, 13-25; LUC 9:51-62

● **Gweddi agoriadol**

Dad, Mab ac Ysbryd Glân,
yn dy undod y saif
popeth sydd Dduw –
cariad perffaith,
cyfiawnder, heddwch
a grym –
wrth i ni gyfarfod yma heddiw,
dy gorff, dy eglwys
drwy'r byd,
llanw ein calonnau estynedig
â'th Ysbryd;
amgylchyna ni â'th gariad,
dangos dy hun i ni
mewn ffyrdd newydd,
ffyrdd cyffrous,
ffyrdd heriol.
Ysbrydola ni,
Drindod gogoneddus.

● **Moliant**

Ar adeg o wendid ac ar awr anghenus,
dy nerth di sy'n ein cynnal,
yr ysgwydd y gorffwyswn ein pen arni.
Pan fo'r baich yn drwm ac anodd ei gario,
ar dy nerth di y gallwn ddibynnu,

y gras y pwyswn arno.
Ar adeg o wendid ac ar awr anghenus,
clywir dy lais:
'Tyrd... gorffwysa.'

Dyma ras dwyfol,
y llwybr a gerddwn i gyfanrwydd
corff, meddwl ac enaid,
y llwybr sy'n arwain atat ti,
y llwybr y cyflwynwn amdano
ein hoffrwm moliant.

● **Cyffes**
Dduw Dad,
ti yw'r un sy'n ein tywys
o dywyllwch i oleuni,
o gaethiwed i ryddid,
o bryder i dangnefedd,
o anobaith i lawenydd.
Ac eto, rydym yn dyheu am dorri'n rhydd,
dewis annibyniaeth,
yn argyhoeddedig o'n doethineb ein hunain
gan anghofio dy gariad a'th ras.

Maddau ein gwrthryfel,
cofleidia ni unwaith eto
yn dy freichiau cariadus
a gad i ni dy ddilyn
wrth dy addoli a'th wasanaethu
yn ddiolchgar heddiw a phob dydd.

● Diolch

Am ffrwyth dy Ysbryd,
ble bynnag y'i gwelir,
rhown ddiolch cywir i ti.
Am garedigrwydd dieithryn
a ffyddlondeb cyfeillion,
am amynedd a goddefgarwch
a'r heddwch sy'n tawelu'r enaid,
am y cariad sy'n gweld heibio i'r wyneb
at yr ysbryd sy'n ddwfn tu mewn;
am ffrwyth dy Ysbryd,
ble bynnag y'i gwelir,
rhown ddiolch cywir i ti.

SUL CYFFREDIN 9

2 BRENHINOEDD 5:1-14; SALM 30; GALATIAID 6:[1-6] 7-16; LUC 10:1-11, 16-20

● **Gweddi agoriadol**

Yng nghyfarfod ein bywydau
bydd di'r undod sy'n ein clymu.
Yn natglwm ein calonnau
bydd di'r trugaredd sy'n maddau.
Yn ynganiad ein gweddïau
bydd di'r cysur sy'n ein hadfer.
Yng nghanu ein hemynau
bydd di'r llawenydd a rennir.
Ar daith ein bywyd
bydd di'r goleuni sy'n ein harwain.

● **Moliant**

Dymunai'r byd dy wadu
a dibynnu ar ddoethineb ddynol
wrth chwilio am atebion,
ond fe'th glodforwn ni di
a dyrchafu dy enw,
canys gwyddom mai ti yw Alpha,
dechrau pob peth,
ac Omega,
diwedd pob peth,
a phopeth yn y canol.

Profasom dy iachâd.
Profasom dy ddarpariaeth.
Profasom dy fuddugoliaeth.
Trodd ein galar yn ddawns
a'n dagrau yn ganeuon llawen.
Ti yw'r ateb
i bawb sydd angen gwybod,
a down â'n moliant i ti.

● **Cyffes**
Am bob cyfle gollwyd,
maddau i ni.
Am eiriau difeddwl a lleisiau'n codi,
maddau i ni.
Am hunanoldeb a phopeth sy'n clwyfo,
maddau i ni.
Am glustiau sy'n methu clywed dy eiriau,
maddau i ni.
Am lygaid sy'n edrych y ffordd arall.
maddau i ni.
Am gyfleon a gollwyd,
maddau i ni,
   adnewydda ni,
      adfer ni.

Dysg dy ffyrdd i ni,
er mwyn i ni eu cerdded
a bod yn fendith i bawb a gyfarfyddwn
heddiw a phob dydd.

● Diolch

Yn dy deyrnas di
nid oes ffefrynnau,
gan fod pawb yn gyfartal yn dy olwg,
wedi'u llunio ar ddelw
yr un a wnaeth y cread,
wedi'u mowldio o'r clai
y gwnaed popeth ohono.

Yn nheyrnas cydraddoldeb
rwyt yn cynnig trugaredd i bawb
sydd, yn ddiymhongar,
yn dod i chwilio am dy ras.
Y fath gariad,
y tu hwnt i'n dirnadaeth.
Y fath gariad,
a allai farw trosom.
Y fath gariad,
a heuwyd yn ein calonnau,
er mwyn i ni arddangos ei harddwch
mewn gair a gweithred.
Diolch, Arglwydd!

SUL CYFFREDIN 10

AMOS 7:7-17; SALM 82; COLOSIAID 1:1-14; LUC 10:25-37

● **Gweddi agoriadol**
Drwy ein hemynau a'n caneuon,
ein gweddi a'n myfyrdod
a'n bywydau yn dod ynghyd,
addolwn di,
Dad, Mab ac Ysbryd Glân.
Cofleidia ni yn dy gariad
a nertha ein haddoli,
fel y clodforer dy enw
yn y lle hwn a thrwy ein bywyd.

● **Moliant**
Dewisaist y lleiaf oll ohonom
i fod yn broffwydi i ti;
cyffyrddaist eu gwefus
er mwyn iddynt lefaru dy air;
diogelaist hwy
pan gaent eu gwrthwynebu;
nerthaist hwy i wasanaethu.

Rhyfeddwn
y gallet ymddiried cymaint
i bobl gyffredin.
Cawn ein herio
dy fod yn ymddiried cymaint
i ni, dy eglwys.

Dduw rhyfeddol,
bydd y nerth a geisiwn,
y grym yn ein bywyd,
i ni ddatblygu i fod y bobl
yr wyt yn ein herio i fod.

● **Cyffes**
Gelwi arnom i fyw dy fywyd,
i ddilyn lle yr arweini,
i fod dy bresenoldeb ar y stryd,
i ddangos trugaredd i'r tlawd,
cefnogi'r gwan,
cofleidio'r estron
a thywys y crwydriaid i'r deyrnas.
Ac eto mae'n calon yn gythryblus;
ofnwn y dasg,
yn fyddar i'th addewid
i fod gyda ni
ble bynnag yr awn.

Maddau ein hofnusrwydd;
rho heddwch i'n taith
a nerth ar gyfer ein tasg,
er mwyn i ni ddangos dy gariad
wrth fyw a gweithio o ddydd i ddydd.

● Diolch

Gelwi arnom i garu y rheini
rwyt ti'n eu caru,
a rhoddi di eiriau i ni eu dweud.
Gelwi arnom i ddwyn cyfanrwydd
i fywydau toredig,
a rhoddi eiriau i ni eu dweud.
Gelwi arnom i ddwyn cysur
i'r rheini sy'n galaru,
a rhoddi eiriau i ni eu dweud.
Gelwi arnom i ddwyn newyddion da
i'r rheini sy'n chwilio,
a rhoddi eiriau i ni eu dweud.

Diolchwn am dy air,
  dŵr bywiol mewn tywod anial;
dy air,
  yn blodeuo mewn daear sych;
dy air,
  yn dwyn ffrwyth ble yr heuwyd.

SUL CYFFREDIN 11

AMOS 8:1-12; SALM 52;
COLOSIAID 1:15-28; LUC 10:38-42

● **Gweddi agoriadol**
Dad tragwyddol, bydd y cariad sy'n preswylio yn ein plith.
Grist iachäwr, bydd yr heddwch sy'n preswylio yn ein plith.
Ysbryd grasol, bydd y llawenydd sy'n preswylio yn ein plith
ar adeg addoli ac mewn bywyd bob dydd.

● **Moliant**
Dduw Greawdwr,
o'r foment pan hofranodd dy Ysbryd
dros ddyfroedd y ddaear,
roeddem yn rhan o weledigaeth
a gynhelid mewn cariad yn dy galon.
O'r foment y lleferaist
a gwahanu tywyllwch a goleuni,
creaist le
ble gallem gerdded ryw ddydd.
O'r foment pan orlifodd dy lawenydd
i bethau gwyrdd a byw,
datguddiwyd dy harddwch
i ni ei brofi a'i weld.

Dduw Greawdwr,
am y byd hwn,
ei harddwch a'i urddas,
ei angerdd a'i fawrhydi,
man gwyrdd a dymunol,
molwn dy enw mawr.

● Cyffes

Atgoffa ni yn barhaus o'r llwybr a ddewisom,
yr un y dilynwn ôl ei droed
a'r gwasanaeth a gyflwynwn.
Pan lethir ni
gan brysurdeb y dydd,
neu ein temtio i grwydro
oddi wrth ein hufudd-dod i ti,
maddau i ni.

Atgoffa ni yn barhaus o'th air
a thyn ni yn agos,
er mwyn i ofalon ein byd
doddi i obaith yr hyn sydd i ddod.

● Diolch

Diolch am bawb sy'n siarad amdanat
yn eu gair a'u bywyd,
dy saint ar y ddaear,
y rhai rydym yn ddyledus iddynt am wybod
am dy ras achubol.

Arweinydd: Ble bynnag yr heuir had dy gariad
Pawb: Boed iddo ffynnu a blodeuo.

Diolch am bawb sy'n gweddïo trosom
ar adegau da a drwg,
dy arwyr gweddi
sy'n edrych ar y llun llawnach
yn amyneddgar a gobeithiol.

Arweinydd: Ble bynnag yr heuir had dy gariad
Pawb: Boed iddo ffynnu a blodeuo.

Diolch am bawb sy'n dy wasanaethu
yn eu bywyd beunyddiol,
dy saint cariadus
sy'n dwyn dy iachâd a'th gysur
ble bynnag y mae angen.

Arweinydd: Ble bynnag yr heuir had dy gariad
Pawb: Boed iddo ffynnu a blodeuo.

SUL CYFFREDIN 12

HOSEA 1:2-10; SALM 85;
COLOSIAID 2:6-15 [16-19]; LUC 11:1-13

● **Gweddi agoriadol**
Boed i fendith y Tad, yr Ysbryd, y Mab,
Drindod sanctaidd, dri yn un,
fod yn ein cyfarfod
a'n cyfarch,
yn yr addoli a rannwn
ac yng ngeiriau ein gweddi.

Boed i fendith y Tad, yr Ysbryd, y Mab,
Drindod sanctaidd, dri yn un,
fod yn ein byw
a'n hanadlu,
fel drwy ein calon a'n bywyd
y clywir gair Duw.

● **Moliant**
Nid ydym yn dilyn eilunod
nac athroniaethau bydol,
nac ychwaith yn rhoi ein gobaith
mewn credoau dynol.
Er ein bod yn fach
o'n mesur mewn termau cyffredin,
ac yn aml yn ddi-rym
wrth wynebu anhawster neu ofn,
nid yw ein gobaith wedi'i sefydlu
ar dywod glan y môr
ond ar sylfaen gadarn ffydd.

Plant y Duw byw ydym ni.
Ynddo ef yn unig yr ymddiriedwn.
Ynddo ef yn unig y gobeithiwn.
Iddo ef yn unig y rhown ein bywydau
i'w defnyddio er ei ogoniant.

● Cyffes

Dduw grasol,
yr un y mae dy gariad yn fwy
na drygioni'r byd,
maddau ein drwgweithredu.
Atgoffa ni o'th gariad di
a'n dihidrwydd ninnau;
atgoffa ni o'th heddwch di
a'n diffyg amynedd ninnau;
atgoffa ni o'th gyffyrddiad di
ac o'n breuder ninnau;
atgoffa ni o'th deyrnas di,
ac o'n digartrefedd ninnau.

Dduw grasol,
yr un y mae dy gariad yn fwy
na drygioni'r byd,
tyn ni i'th freichiau
a gosod ein traed eto ar dir cadarn.

● Diolch

Diolch, Arglwydd,
nad oes yn dy deyrnas
rai uwchben eu digon a rhai heb ddim,
dim rhai breintiedig a rhai tlodion,
dim cyfoethogion a rhai dan draed,
achos yn dy olwg di
mae pawb o'r un gwerth;
yn cael eu caru fel na all neb ond ti,
yn cael eu bendithio fel na all neb ond ti.

Diolch am gael ein cyfri yn blant i ti
a medru agor ein calon i'n Tad nefol
sy'n gwrando ar ein gweddi.
Diolch ein bod yn werthfawr yn dy olwg,
a boed i'n bywydau gael eu cyfri
yn deilwng o'r fath gariad a gras.

Drwy Iesu Grist y gofynnwn,
a fu farw i ni gael byw,
ac sy'n byw i ni brofi
llawnder dy gariad.

SUL CYFFREDIN 13

HOSEA 11:1-11; SALM 107:1-9, 43;
COLOSIAID 3:1-11; LUC 12:13-21

● **Gweddi agoriadol**
Dad pawb,
dyma ni dy blant
yn dod ynghyd
mewn cymdeithas â thi.

Waredwr pawb,
down ynghyd i ddathlu,
i ddathlu'r cariad
sy'n hanu ohonot ti.

Ysbryd pawb,
down ynghyd yn ddisgwylgar
a'n calon yn barod
i dderbyn gennyt ti.

Drindod gogoneddus,
down ynghyd i addoli,
i ddatgan y ffydd
sydd gennym ynot.

● Moliant

Diolchwch i'r Arglwydd, canys da yw;
mae ei gariad yn gynhwysol,
yn cofleidio'r cread!
Diolchwch i'r Arglwydd, canys da yw,
yn dwyn cyflawnder,
a heddwch y tu hwnt i ddeall.
Diolchwch i'r Arglwydd, canys da yw,
mae ei freichiau'n llydan agored,
yn croesawu'r afradlon adre.
Diolchwch i'r Arglwydd, canys da yw,
ei addewidion yn sicr,
ei deyrnas yn dragwyddol.
Diolchwch i'r Arglwydd, canys da yw.

● Cyffes

Dduw cariadus,
mor aml mae ein bywydau
yn methu adlewyrchu'r cariad
a ddangosi tuag atom,
yn hynny rydym yn dy siomi.
Gofynnwn am drugaredd
a maddeuant.
Rydym yn ddall
i anghyfiawder,
ac yn fyddar
i leisiau sy'n gweiddi mewn angen.
Dilynwn ein llwybr ein hunain
drwy ein bywyd, a dewis anwybyddu yr un
y dymunet i ni ei droedio,
gan ofni niwed.

Cymer ein bywydau, Arglwydd da,
adfer ynom y cariad
a adwaenem unwaith,
a gad iddo lifo o'n calonnau
i'r byd,
a throi'n fendith
a rannwn yn hael.

● Diolch

Deuwn yn awr, Arglwydd,
gyda diolch cywir,
am y gallwn droi atat
pan yw popeth ar chwâl
ac yn athrist,
pan yw atebion
yn swnio'n ffuantus
a ffydd yn baglu
i aros yn fyw.

Gallwn droi atat,
yr un a brofodd
dristwch gwrthod
a phoen aberth.
Gallwn droi atat,
yr un a brofodd
orfoledd atgyfodiad,
a dwyn atom addewid
bywyd newydd.
Gallwn droi atat
a chanfod tangnefedd
a chysur i'n heneidiau.
Diolch, Arglwydd.

SUL CYFFREDIN 14

ESEIA 1:1, 10-20; SALM 50:1-8, 22-23;
HEBREAID 11:1-3, 8-16; LUC 12:32-40

● Gweddi agoriadol

Bendithia'r addoli a gyflwynwn i ti,
bendithia'r emynau a ganwn i ti,
bendithia ni yn ein hoffrwm,
bendithia ni yn ein dod,
bendithia ni yn ein mynd
a gwna ein bywydau yn fendith
ar y ffordd a gerddwn.

● Moliant

Mae'r nefoedd yn datgan dy ogoniant
yng nghân ogoneddus y cread,
ac mae popeth sy'n byw ar y ddaear
yn cael eu symud i ganu gyda nhw,
yn clodfori dy ddarpariaeth rasol
a'r deyrnas ogoneddus
a sefydlwyd i'th blant,
a ddatguddiwyd yn dy Fab,
ble cawn ragflas
o'r bywyd sydd i ddod.
Greawdwr, Iachawdwr, Arglwydd a Brenin,
mae'r nefoedd yn datgan dy ogoniant
ac ymunwn ninnau yn eu cân.

● Cyffes

Dduw cariad,
pan fydd dy blant yn dioddef –
ar ffo,
yn cael eu herlid neu waeth –
mae dy galon yn drom
ac rwyt yn gweiddi am gyfiawnder.
Pan fydd difaterwch yn tywyllu ein calon,
a ninnau yn para'n fud,
maddau i ni.
Pan fydd ein hymateb yn hwyr
a bywydau yn cael eu colli rywle,
maddau i ni.
Rho i ni galon dros gyfiawnder
a llais proffwydol,
er mwyn i'r byd weld
dy gariad ar waith
yn ein geiriau a'n gweithredu.

● Diolch

Am ffydd i weld drwy niwl
ein trafferthion cyfredol
a chael cip ar fywyd tu draw,
diolchwn i ti.

Am ffydd i ddeall y rheswm
y tu ôl i'r brwydrau a wynebwn,
a'r doethineb i'w goresgyn,
diolchwn i ti.

Am ffydd dan erledigaeth oddi wrth y rhai
sy'n gwadu yr un a wasanaethwn,
a nerth i ddal ati,
rhown ddiolch i ti.

Am ffydd i hawlio dy addewidion,
eu trysori yn ein calon
a'u mynegi yn ein bywyd,
rhown ddiolch i ti.

SUL CYFFREDIN 15

ESEIA 5:1-7; SALM 80:1-2, 8-19;
HEBREAID 11:29–12:2; LUC 12:49-56

● **Gweddi agoriadol**

Dyma dy blant wedi dod ynghyd,
wedi derbyn maddeuant a chroeso,
i gyfarfod yn y lle arbennig hwn.
Down ynghyd yn frawd a chwaer,
teulu ynghyd,
yn cwrdd yn nhŷ ein Tad.
Down ynghyd yn gorff i ti,
a bendithio ein gilydd
yn gymuned Crist.

● **Moliant**

Am fawrhydi'r cread,
y nefoedd uwchben
a'r moroedd oddi tanodd,
derbyn ein hoffrwm moliant.

Am harddwch dy gariad,
y doethineb, y llawenydd
a'r amynedd a gaed,
derbyn ein hoffrwm moliant.

Am y tristwch a achoswn i ti,
a'th barodrwydd
i faddau i ni,
derbyn ein hoffrwm moliant.

Am gael gwybod am iachawdwriaeth,
am aberth Iesu
yn dod â bywyd i ni,
derbyn ein hoffrwm moliant.

● **Cyffes**
Rhoddaist i ni
fyd o harddwch,
a ninnau'n ei ddifetha.
Byd i'n bwydo,
a chynifer yn llwgu.
Byd o gyfoeth,
a ni yn amharod i rannu.
Byd i ofalu amdano,
a ni yn meddwl amdanom ein hunain.

Maddau i ni, Arglwydd grasol,
bob tro yr anafir dy galon
gan ein hunanoldeb;
bob tro na feddyliwn am eraill,
gofal am neb ond ni.
Caniatâ i ni weld y byd
yn rhodd gennyt ti
y gellir ei rhannu,
a'r rheini sy'n byw yma
yn gymdogion i ni.
Gofynnwn, er mwyn i'th enw
gael ei ogoneddu
yn harddwch a llawnder y byd
a gwasanaeth ein bywydau.

● Diolch

Ffydd yw'r rhodd
y gwelwn drwyddi
y byd hwn drwy dy lygaid di,
a'r harddwch sydd ynddo.

Ffydd yw'r rhodd
y gwelwn drwyddi
dy ddelw di ym mhob person,
a'th fendith, pan dderbyniwn hi.

Ffydd yw'r rhodd
y gwelwn drwyddi
y gobaith yn dy addewid
a'r nerth i'w fyw.

Ffydd yw'r rhodd
sy'n gyson byth,
ac fe'i derbyniwn
gyda diolch cywir.

SUL CYFFREDIN 16

JEREMEIA 1:4-10; SALM 71:1-6; HEBREAID 12:18-29; LUC 13:10-17

● Gweddi agoriadol

Dduw'r gorffennol,
derbyn y bobl fuom
a'r llwyth a lusgwn y tu ôl i ni.
Dduw'r presennol,
derbyn ni fel yr ydym nawr,
gyda gofalon
y foment hon.
Dduw'r dyfodol,
derbyn ni fel y byddwn,
a thrwy dy Ysbryd
trawsffurfia ni.

● Moliant

Am y cariad a roddaist i ni
o ddydd ein geni,
a'r llwybr a agori i ni
dy weision yma ar y ddaear;
am yr olion traed a ddilynwn,
a'r geiriau a lefarwn –
yr had a wasgarwn
wrth gerdded y llwybr cul;
am y cynhaeaf a gesgli
y dydd mawr a gogoneddus hwnnw,
O Arglwydd, i ti y cyflwynwn
aberth moliant.

● Cyffes

Dad cariadus,
poenir ni
gan y cyfleon a gollwyd
pan fethom rannu dy gariad,
bod yn fud neu droi i ffwrdd
oddi wrth anghyfiawnder neu angen.
Maddau i ni, os gweli'n dda,
a thrwy dy Ysbryd
agor ein llygaid
i bosibiliadau beunyddiol
ble gallwn dy wasanaethu
a bod yn eiriau a dwylo i ti
yn hwn, dy fyd hardd
ond bregus.

● Diolch

Am yr adegau hynny,
wrth wynebu amgylchiadau anodd,
pan gawsom air
i dawelu enaid cythryblus,
neu rodd o iechyd,
cysur neu drugaredd
y mae ei ffynnon ynot ti,
y cyflwynwn ein gweddi ddiolchgar.

Am yr adegau hynny,
wrth i amheuon ac ansicrwydd ein herio,
pan dderbyniom ffydd
sy'n gweld heibio i'r presennol
at ddyfodol gogoneddus,
a'r gwyleidd-dra i dderbyn yr help
a ddaw drwy eraill
ond yn y bôn oddi wrthyt ti,
y cyflwynwn ein gweddi ddiolchgar.

SUL CYFFREDIN 17

JEREMEIA 2:4-13; SALM 81:1, 10-16; HEBREAID 13:1-8, 15-16; LUC 14:1, 7-14

● **Gweddi agoriadol**

Greawdwr pawb,
down â'n hoffrwm moliant
am bopeth a wnaethost i ni.

Waredwr pawb,
down â'n hoffrwm moliant
am bopeth a wnaethost drosom.

Ysbryd pawb,
down â'n hoffrwm moliant
am bopeth a ddatgeli i ni.

Dri yn un,
down â'n hoffrwm moliant;
bydd y fendith yn ein plith yn awr.

● **Moliant**

Duw ffyddlon wyt ti,
a ninnau yn dy siomi mor aml.
Duw maddeugar wyt ti,
hyd yn oed pan wadwn di.
Duw amyneddgar wyt ti
pan grwydrwn ymhell oddi wrthyt.
Duw croesawgar wyt ti
wrth i ni ddychwelyd adre atat.

Dduw ffyddlon a chariadus,
derbyn y clod a ddygwn,
offrwm ein calonnau
a gwasanaeth ein bywydau,
er mwyn i ni yn ffyddlon
ddangos dy gariad
ble bynnag yr awn,
wrth i ni barhau
ar ein taith gyda thi.

● **Cyffes**
Gelwi arnom
ac anwybyddwn dy sibrwd,
gwrando yn hytrach ar leisiau eraill.
Gelwi arnom
a dewiswn lwybr gwahanol,
a dilyn ein mympwy ein hunain.
Gelwi arnom
i fod yn llais i ti yn y byd,
i fod yn ddwylo i ti yn y byd,
i fod yn draed i ti yn y byd,
i gyhoeddi dy heddwch,
dy gysur,
maddeuant,
iachâd,
cariad,
gras.

Maddau i ni;
agor ein clustiau;
galw ni eto
ac fe ddilynnwn.

● Diolch

Diolch i ti am fraint cael gwasanaethu,
cael rhannu dy gariad
mewn gair a gweithred.
Diolch am lawenydd cael gwybod
fod yr hyn ddywedwn
yn gallu dwyn y fath heddwch.
Diolch am y fendith o gael gweld
calonnau yn cael eu cyffwrdd
gan gyfoeth dy ras.

Dyna gynhaeaf yw hwnnw
pan fydd yr hadau a heuwn
yn dwyn ffrwyth!

SUL CYFFREDIN 18

JEREMEIA 18:1-11; SALM 139:1-6, 13-18; PHILEMON 1-21; LUC 14:25-33

● **Gweddi agoriadol**

Arglwydd Dduw,
air ac anadl bywyd,
yr heddwch rhyngom,
y grym yn ein plith.
Bydd yn ein canu,
yn ein gweddïo,
yn ein mynd a'n dod.
Bydd y fendith a dderbyniwn ac a rannwn,
heddiw a phob dydd.

● **Moliant**

Fel y clai yn llaw'r crochenydd,
felly rydym ni i ti, Arglwydd.
Cymeri'r cyffredin ac amherffaith,
a gwneud peth hardd,
ein mowldio i fod y bobl
y bwriedaist i ni fod.
Yn dy ddwylo gwneir ni yn newydd,
wedi'n perffeithio, Arglwydd, gennyt ti.
Yn dy ddwylo gwneir ni yn ddefnyddiol
mewn gwasanaeth, Arglwydd, i ti.

● Cyffes

Rwyt yn ein hadnabod, Arglwydd,
yn well nag y nabyddwn ein hunain.
Gwyddost ein meddyliau,
y gweddïau di-lais yn ein calonnau.
Gwyddost ein geiriau
cyn iddynt gael eu ffurfio ar ein tafod.
Gwyddost ein bywydau,
ein mynd allan a'n dod adre.
Rwyt yn ein hadnabod, Arglwydd,
yn well nag y nabyddwn ein hunain.

Maddau i ni pan fethwn weld
dy ryfeddod a'th fawrhydi.
Agor ein llygaid;
cryfha ein ffydd,
er mwyn i'n gwybodaeth ohonot
a'n gwasanaeth i ti
gynyddu
ddydd ar ôl dydd.

● Diolch

Dduw'r daith, diolchwn i ti.
Ti yw'r cwmpawd sy'n ein harwain,
goleuni i'n traed,
yr un a ddilynwn.
Ti yw'r gair calonogol,
y llaw yn ymestyn tuag atom
bob tro y baglwn.

Yn ein teithio dyddiol
boed i ni werthfawrogi
y llefydd yr arweini ni iddynt,
ac, mewn gair a gweithred,
fod yn fendith
i'n cyd-deithwyr.
Dduw'r daith,
diolchwn i ti.

SUL CYFFREDIN 19

JEREMEIA 4:11-12, 22-28; SALM 14; 1 TIMOTHEUS 1:12-17; LUC 15:1-10

● **Gweddi agoriadol**

Wrth i ni ymgasglu i addoli,
pwyllwn ychydig mewn tawelwch,
llonyddu ein calonnau.
(Saib)
Bydded yr Arglwydd gyda ni
yn ein canu,
yn y gweddïau a offrymwn
a'n dealltwriaeth o'r ysgrythur.
Boed i'n meddyliau fod am eraill
yn hytrach na hunan,
a'n calonnau yn cael eu hysgogi
i wasanaeth ble bynnag y byddwn.

● **Moliant**

Fab Duw,
ceri bob un ohonom
fel pen na *bai* ond un ohonom.
Ymdrechodd rhai yn galed
i ufuddhau i'th orchymyn;
canfu rhai eu ffordd
yn dilyn siwrnai hir;
digwydd glanio yma wnaeth eraill,
heb fod yn siŵr o'u llwybr;
cyrhaeddodd rhai
heb ddim ond dy drugaredd a'th ras.

Fab Duw,
ceri bob un ohonom
fel pe na *bai* ond un ohonom.
Sut na allwn ganu dy glod
am bopeth a wnaethost?

● Cyffes

Arglwydd, dymunem dy ddilyn
ble bynnag yr arweiniet ni.
Arglwydd, dymunem dy ddilyn.
Maddau i ni pan grwydrwn
a phan faglwn.
Maddau i ni pan lygad-dynnir ni
a cholli'n ffordd.
Bydd yr un y trown ato,
y cydiwn yn ei law,
y bugail sy'n ein harwain
yn ddiogel adre.

Arglwydd, dymunem dy ddilyn
ble bynnag yr arweiniet ni.
Arglwydd, dymunem dy ddilyn.

● Diolch

Dad grasol,
sy'n caru yn ddiamod,
yr un y mae dy galon
yn gorlifo o faddeuant,
dyma ein hoffrwm o ddiolch a chlod.

Fab grasol,
yn rhoi yn aberthol,
yr un y gwaedodd ei gorff i'n cadw,
dyma ein hoffrwm o ddiolch a chlod.

Ysbryd grasol,
yn llifo yn dragywydd,
yr un y mae ei anadl
yn adfer ein ffydd a'n henaid,
dyma ein hoffrwm o ddiolch a chlod.

SUL CYFFREDIN 20

JEREMEIA 8:18–9:1; SALM 79:1-9; 1 TIMOTHEUS 2:1-7; LUC 16:1-13

● **Gweddi agoriadol**

Dduw heddiw a phob diwrnod,
bydd gyda ni yn ein cyfarfod –
y cariad sy'n ein clymu,
yr heddwch sy'n ein tawelu,
y cyffyrddiad sy'n ein hiacháu,
y llawenydd sy'n ein llenwi,
y breichiau sy'n ein cofleidio.
Bydd gyda ni wrth i ni gyfarfod,
Dduw heddiw a phob dydd.

● **Moliant**

Mewn byd sydd â chymaint i'w ddweud
a dim amser i wrando,
rwyt wrth dy fodd yn clywed gweddïau dy bobl,
yr offrwm melys a phersawrus
yn dyrchafu at dy orsedd.

Mewn byd sy'n holi cymaint o gwestiynau
wrth chwilio am ystyr,
ti yw'r ateb a geisiant,
dŵr bywiol sy'n torri syched,
creawdwr a ffynnon popeth.

Mewn byd sy'n chwilio am gariad
a synnwyr cyfeiriad,
croesewi dy blant afradlon yn ôl
i freichiau cariadus eu Tad
ac i'th gartre teuluol.

● **Cyffes**
Os nad yw ein cymydog yn nabod dy enw
am na chefaist dy gyflwyno,
maddau i ni.
Os yw ffrind neu gydymaith yn dal i chwilio
am yr atebion sydd eisoes yn hysbys i ni,
maddau i ni.
Os na welodd y byd eto y newid
sy'n guddiedig yn ein calonnau,
maddau i ni.
Os nad ydym eto wedi canfod yr hyder
i sôn am ein ffydd,
maddau i ni,
   adnewydda ni,
a nertha ni i fod
y disgyblion a ddylem fod,
fel y gogonedder dy enw
fel y dylid.

● Diolch

Nid oes ond un Duw,
a wnaeth bob peth
ac sy'n creu ynom
ddelw'r dwyfol.

Arweinydd: Newydd da i bawb
Pawb: Fe'i cyhoeddwn yn ddiolchgar.

Nid oes ond un Crist,
a fu farw trosom,
codi i fywyd eto
a nawr yn eiriol drosom.

Arweinydd: Newydd da i bawb
Pawb: Fe'i cyhoeddwn yn ddiolchgar.

Nid oes ond un Ysbryd,
sy'n trigo ynom,
ysbrydoli ein meddyliau
a gwresogi ein calonnau i wasanaethu.

Arweinydd: Newydd da i bawb
Pawb: Fe'i cyhoeddwn yn ddiolchgar.

Dduw'r Tad, Ysbryd, Mab,
Drindod gogoneddus, dri yn un.

Arweinydd: Newydd da i bawb
Pawb: Fe'i cyhoeddwn yn ddiolchgar.

SUL CYFFREDIN 21

JEREMEIA 32:1-3A, 6-15; SALM 91:1-6, 14-16; 1 TIMOTHEUS 6:6-19; LUC 16:19-31

● **Gweddi agoriadol**

Dduw grasol,
gwyddost ein hanghenion,
darlleni ein meddyliau,
gweli i'n calonnau
ac eto ein derbyn fel rydym.
Bydd yn ganolbwynt ein haddoli,
yn bopeth ein gweddi
a'r un y trown ato
yn ein cyfarfod heddiw.

● **Moliant**

Dduw ein twr,
cysgod mewn storm a thrwbwl,
nerth pan ballo hyder,
derbyn ein hoffrwm moliant.

Dduw ein Gwaredwr,
rhyddhawr o'r bywyd sy'n ein clymu,
y maddeuant a geisiwn,
derbyn ein hoffrwm moliant.

Dduw ein noddfa,
sylfaen y dibynnwn arni,
y fendith a rannwn nawr,
derbyn ein hoffrwm moliant.

● Cyffes

Bendithion bob dydd –
bwyd i'w fwyta,
dillad i'w gwisgo,
bodlonrwydd gyda phopeth sydd gennym,
prun ai'n gyfoethog neu dlawd –
dyna fywyd yn dy deyrnas.

Mor anodd
yw cerdded y ffordd hon
pan fo'r byd yn ein temtio
gyda chymaint a ddeisyfwn
ond heb fod eu hangen.
Maddau ein gwendid
a dysga ni eto
i brofi'r bodlonrwydd
o gael dim ond digon
ac o rannu
nid yn unig o lawnder
ond o brinder hefyd.

● Diolch

Am bawb a aeth o'n blaenau,
cerdded y llwybr a droediwn
a, thrwy eu hesiampl,
anogaeth,
geiriau doeth ac addysg,
sydd wedi arwain eraill i'th deyrnas,
cyflwynwn ein diolch cywir.

Am bawb sydd, drwy eu gweithredu,
wedi rhoi eraill o flaen hunan,
a dangos ystyr
haelioni a chariad,
yn rhoi o'u cyfoeth
ac o'u tlodi,
cyflwynwn ein diolch cywir.

Gweddïwn yn enw'r un a roddodd
bopeth, er mwyn i ni ddeall
gwir werth ein bywyd
ac ennill cyfoeth
y byd a ddaw,
Iesu Grist, ein Harglwydd.

SUL CYFFREDIN 22

GALARNAD 1:1-6; SALM 37:1-9;
2 TIMOTHEUS 1:1-14; LUC 17:5-10

● **Gweddi agoriadol**

Boed i Dduw, a'n dygodd ni i'r lle hwn,
dderbyn yr emynau a'r gweddïau a ddywedwn yma,
a boed i'r cariad sy'n ein huno yn ei ras
fod yn fendith i ni drwy'r dydd.

● **Moliant**

Ynot ti, Arglwydd, yr ymddiriedwn;
yn dy gariad llawenhawn,
achos does neb arall
y gallwn droi ato,
sy'n gwybod ein hanghenion
 cyn i ni ofyn,
yn darllen ein calonnau
ac ateb ein gofyn.

Ynot ti, Arglwydd, yr ymddiriedwn;
ar dy heddwch y dibynnwn,
achos does neb arall
y gallwn droi ato,
sy'n tawelu ein heneidiau,
yn dwyn rhyddhad,
a, phan fyddwn wedi blino,
yn cael gorffwys yn ei freichiau.

● Cyffes

Arglwydd, down â'n momentau 'bron â bod' atat.
Pan gododd y cyfle i ddwyn dy enw
i mewn i sgwrs a ninnau bron â gwneud.
Pan gawsom gyfle i helpu un mewn angen,
a bron â llwyddo.
Pan ffromwyd ni gan anghyfiawder,
a'n hysbryd yn fflam i wneud gwahaniaeth,
bu bron i ni wneud.
Pan glywsom dy alwad i ddilyn llwybr arall,
a bron â gwneud.

Maddau ein hofnusrwydd, ein harafwch
i fyw y bywyd a arddelwn.
Down â'n momentau 'bron â bod'.
Drwy dy Ysbryd nertha ein bywydau,
er mwyn i'th enw gael ei ogoneddu
a'n 'bron â bod' yn troi yn 'wastad'.

● Diolch

Am rodd ffydd,
sy'n gweld heibio'r foment bresennol
ac yn edrych at dy dragwyddoldeb,
diolchwn i ti.

Am rodd ffydd,
bach fel hedyn mwstard,
   ond gyda'r fath rym
yn y symlrwydd hwnnw,
diolchwn i ti.

Am rodd ffydd,
a roir i'r rhai sydd ond yn gofyn,
eu calon ar agor yn ddiymhongar,
diolchwn i ti.

SUL CYFFREDIN 23

JEREMEIA 29:1, 4-7; SALM 66:1-12; 2 TIMOTHEUS 2:8-15; LUC 17:11-19

● **Gweddi agoriadol**

Wrth i'n bywydau ddod ynghyd,
boed i'r cariad a ddangosir,
a'r gofal a fynegir,
yr addoli a gyflwynir
a'r gymdeithas a rennir
fod yn dderbyniol gennyt,
ein Tad nefol.

● **Moliant**

Molwch yr Arglwydd, yr holl bobl!
Boed i'n moliant atseinio drwy'r byd!

Greawdwr y bydysawd,
yr un y mae dy anadl yn rhoi bywyd,
dy ddwylo yn creu harddwch,
yr un y mae dy gariad yn dwyn rhyddid,
a'th ogoniant yn llenwi'r ddaear,
derbyn ein hoffrwm diolch.

Waredwr y byd,
yr un y mae dy gyffyrddiad yn rhoi iachâd,
dy eiriau yn dwyn maddeuant,
yr un y mae dy ddioddefaint yn fywyd,
a'th farw yn fuddugoliaeth,
derbyn ein hoffrwm moliant.

Molwch yr Arglwydd, yr holl bobl!
Boed i'th foliant atseinio drwy'r byd!

● **Cyffes**
Dduw gras, dygwn atat ein hanniolchgarwch
am bopeth a wnaethost drosom;
ein diffyg amynedd
pan oedir ateb i weddi;
ein hunanoldeb
pan ddaw cyfle i roi neu rannu;
ein hanffyddlondeb
pan grwydrwn oddi ar dy ffordd.
Gofynnwn dy faddeuant,
drwy Iesu Grist
a roddodd bopeth
i ninnau ddysgu gwneud yr un peth.
Trwy dy Ysbryd,
boed i'n bywydau fod yn fwy ffrwythlon
a'n calonnau yn adlewyrchu dim ond ti.

● Diolch

Diolch, Arglwydd Duw,
achos fe'n gelwi
i fod yn oleuni i ti
yn y tywyllwch;
yn llais i ti
yn yr anialwch;
yn obaith i ti
i'r anobeithiol.

Diolch, Arglwydd Dduw,
achos rhoddi i ni
nerth
yn ein gwendid;
heddwch
a thynerwch;
geiriau
a hyfdra
i gyhoeddi
mwy ohonot ti
ac, ohonom ni, lai.

SUL CYFFREDIN 24

JEREMEIA 31:27-34; SALM 119:97-104;
2 TIMOTHEUS 3:14–4:5; LUC 18:1-8

● **Gweddi agoriadol**
Boed i'n clustiau fod wedi'u tiwnio
i sibrwd Duw,
ein calonnau ar agor
i gariad Duw,
ein lleisiau wedi'u dyrchafu
i addoli Duw
a'n bywydau wedi'u newid
gan rym Duw.

● **Moliant**
Mae dy air yn llusern i'n traed,
ein canllaw drwy'r tywyllwch,
y doethineb a'r wybodaeth
a ddilynwn bob dydd.

Mae dy air yn felysach na mêl,
ac eto'n finiocach na chleddyf;
mae'n iachâd a chyfiawnder
ac yn orchymyn i ni.

Dy air yw ein dealltwriaeth
o ras, heddwch a chariad –
achos ein dod ynghyd
i addoli heddiw.

● Cyffes

Waredwr pawb,
a iachaodd y cleifion
a dwyn llawnder,
trugaredd
 a heddwch
i fywydau oedd ar chwâl;
a ddygodd gyfeiriad,
pwrpas
 a llawenydd
i'r rheini oedd yn chwilio;
a ddygodd faddeuant,
doethineb
 a gras
i'r rheini oedd yn sychedig;
rho i ni ddigon o ffydd
i ymddiried yn dy air,
ceisio dy wyneb,
dilyn ôl dy droed
a'th adnabod yn Arglwydd.

● Diolch

Dduw cyfiawnder,
diolch dy fod yn gwrando
ar gri y rheini
sy'n dioddef gorthrwm ac ofn,
yr anghofiedig a'r disylw
fydd wastad yn blant i ti.
Dduw cyfiawnder, gwneler dy ewyllys.

Dduw y tlodion,
diolch dy fod yn gwrando
ar gri y rheini
sy'n dioddef newyn,
plant y stryd a ffoaduriaid
sydd heb le i'w alw yn gartre.
Dduw'r tlawd, gwneler dy ewyllys.

Gwneler dy ewyllys
drwy weithwyr elusen a gwleidyddion,
codwyr arian a chyfranwyr.
Gwneler dy ewyllys drwom ni.

Dduw pawb,
diolch dy fod yn gwrando
ar weddi dy bobl.

SUL CYFFREDIN 25

JOEL 2:23-32; SALM 65;
2 TIMOTHEUS 4:6-8, 16-18; LUC 18:9-14

● **Gweddi agoriadol**

Yn dy dŷ
ac yn dy bresenoldeb,
unwn â'n gilydd
wrth gyfarfod, gweddïo
a chanu i ti.
Pan, wedyn, yr awn ein ffyrdd ein hunain,
boed i ni fyw ein bywydau mewn gwasanaeth
yn ein gweithle,
ein cymdogaeth
a'n cylch teuluol,
er mwyn i'th gariad di
gael ei weld a'i adnabod
yn ein geiriau a'n gweithredoedd.

● **Moliant**

Atat ti, Arglwydd, dygwn ein clod,
yn nhwf y gwanwyn a glawogydd hydref,
am had a heuwyd a chynhaeaf a gasglwyd,
bendithion llawnder dy fyd.

Atat ti, Arglwydd, dygwn ein clod,
am yr harddwch o'n cwmpas:
awyr heulog, nant y mynydd,
dirgelion y cread.

Atat ti, Arglwydd, dygwn ein clod,
am ddealltwriaeth o'th ras,
geiriau bregethwyd, bywydau newidiwyd,
her ogoneddus dy air.

● **Cyffes**
Dduw grasol, maddau i ni
am y drwg a wnaethom,
a'r da na wnaethom –
am yr adegau
pan fethodd ein geiriau,
ein gweithredu a'n diffyg gweithredu
ag adlewyrchu'r cariad
a ddangosi tuag atom.
Maddau i ni pan faglwn ar y llwybr
a gerddwn gyda thi.

Adfer ni.
Cerdda wrth ein hochr,
er mwyn i ni yn dy bresenoldeb
fod yn ddwylo i ti
yn estyn mewn cariad,
ac yn llais i ti
yn dwyn iachâd a heddwch
ble bynnag y mae angen,
i'th glod a'th ogoniant.

● Diolch

Ti yw ein gobaith
pan fetha popeth arall,
y graig gadarn honno
yn ddisyfl a diogel,
y gallwn ddibynnu arni.

Arweinydd: Derbyn offrwm diolchgar
Pawb: Y calonnau a'r bywydau hyn.

Ti yw ffynhonnell
popeth a wyddom,
gair y bywyd,
cariad, gras a heddwch,
gwerth marw i'w hamddiffyn.

Arweinydd: Derbyn offrwm diolchgar
Pawb: Y calonnau a'r bywydau hyn.

Ti yw ein Duw
a throediwn ninnau
y llwybr a gerddi di,
yn barod i fynd
ble bynnag y'n hanfoni.

Arweinydd: Derbyn offrwm diolchgar
Pawb: Y calonnau a'r bywydau hyn.

SUL CYFFREDIN 26

HABACUC 1:1-4; 2:1-4; SALM 119:137-144; 2 THESALONIAID 1:1-4, 11-12; LUC 19:1-10

● **Gweddi agoriadol**

Dad, Mab ac Ysbryd Glân,
bendithia ni wrth gyfarfod,
ein siarad a'n gwrando,
ein rhannu a'n haddoli,
ein rhoi a'n derbyn,
ein mynd a'n dod.

● **Moliant**

Dduw Waredwr,
daethost i'r byd
nid yn arweinydd pobl,
ond yn was a chyfaill.
Daethost i'r byd
nid i chwilio am y da
ond i gasglu'r rhai ar goll.
Daethost i'r byd
yn iachäwr cyrff
a gwaredwr eneidiau.
Daethost i'r byd
yn Dywysog Tangnefedd
a châr i bawb.
Daethost i'r byd
er mwyn pobl fel ni.

● Cyffes

Pan alwn ar dy enw
ar adegau anodd
neu anobaith
a methu clywed dy lais
neu weld yr ateb a ddymunwn,
maddau ein diffyg amynedd.

Pan weddïwn am iachâd,
rhyddid o ofn
neu ddianc o afael drygioni,
a blino ar y dasg o
barhau mewn gweddi,
maddau ein diffyg ffydd.

Nid dy ffyrdd di yw ein ffyrdd ni,
ond ym mhopeth ti sydd Dduw;
bydd dy gariad a'th gyfiawnder
wastad yn sefyll.
Yn dy amser ac yn dy ffordd
byddi yn ateb ein gweddïau.

● Diolch

Am dy holl weision
a aeth o'n blaenau
a, thrwy eu hesiampl,
a'n dygodd at dy orsedd,
cyflwynwn ein diolch cywir.

Am bawb, drwy
ddyddiau a nosweithiau tywyll,
a ddaliodd at eu ffydd
yn wyneb y gelyn enbytaf,
cyflwynwn ein diolch cywir.

Am dy holl blant
ddaeth ynghyd yma heddiw,
sydd yn eu gwasanaeth
yn dangos dy gariad yn y byd,
cyflwynwn ein diolch cywir.

SUL CYFFREDIN 27

DANIEL 7:1-3, 15-18; SALM 149;
EFFESIAID 1:11-23; LUC 6:20-31

● Gweddi agoriadol

Dyma ni,
dy saint cyffredin
yn addoli eu Crëwr.
Dyma ni,
dy bobl gyffredin,
drwy rym dy Ysbryd
yn profi'r mwy na'r cyffredin;
dy weision cyffredin
yn byw gwirionedd dy air,
yn ddwylo a lleisiau i ti yn y byd.

● Moliant

Dad gogoneddus, Arglwydd pawb,
dyrchafwn dy enw yn uchel.
Datguddi fendithion
bywyd yn dy deyrnas,
rwyt yn ein dysgu
am gariad a thrugaredd;
ein denu yn nes
i'th bresenoldeb;
yn iacháu ein breuder;
yn anwesu ein heneidiau;
yn agor ein bywydau
i'th gariad a'th ras.
Dad gogoneddus, Arglwydd pawb,
dyrchafwn dy enw yn uchel.

● Cyffes

Pwy yw'r tlodion
ond y rheini a ŵyr nad oes dim ganddynt
hebot ti?
Pwy yw'r newynog
ond y rhai a ŵyr na ddaw eu cynhaliaeth
ond gennyt ti?
Pwy yw'r galarus
ond y rhai sy'n wylo am y llawer
nad ydynt yn dy adnabod?

Rho dy galon di ynom
dros y rhai sy'n chwilio;
rho dy galon di ynom
dros y rhai sy'n dioddef;
rho dy galon di ynom
dros y rheini yn ein byd
nad oes dim ganddynt
ond sydd â phopeth sydd ei angen
dim ond iddynt ymestyn tuag atat.

● Diolch

Y goludog yn dy olwg
yw nid y rheini sydd â phopeth
ond y rhai sy'n ystyried
nad oes ganddynt ddim hebot ti.
Nid y cyfoethog eu henillion,
ond y cyfoethog eu gwario,
sy'n rhoi eu bywyd drosot ti.
Dy saint cyffredin,
yn ddwylo i ti
ac yn llefaru dy eiriau
yn eu bywyd arferol,
yn gwneud pethau anghyffredin
gyda'r cyfan a roddaist iddynt.

Y cyfoethog yn dy olwg
yw nid y rheini sy'n deisyfu anrhydedd,
ond y rhai sy'n dymuno gwasanaethu.
Diolch am y gweision yn dy deyrnas.

SUL CYFFREDIN 28

HAGGAI 1:15B–2:9; SALM 145:1-5, 17-21; 2 THESALONIAID 2:1-5, 13-17; LUC 20:27-38

● **Gweddi agoriadol**

Dduw cariad,
bydd di'r cariad sy'n preswylio yn y lle hwn.

Dywysog tangnefedd,
bydd di'r tangnefedd sy'n preswylio yn y lle hwn.

Ysbryd bywyd,
bydd di'r bywyd sy'n preswylio yn y lle hwn.

Dri yn un,
bydd di'r popeth yn ein gwacter,
y cyfanrwydd yn ein hamherffeithrwydd,
popeth a ddeisyfwn.

● **Moliant**

Arweinydd; Mawr yw'r Arglwydd
Pawb: A theilwng iawn o fawl.

Mae'r saint a'n blaenodd
yn sôn am dy ogoniant,
eu geiriau wedi eu hetifeddu
yn dystiolaeth fyw
i'th gariad a'th ras.

Arweinydd: Mawr yw'r Arglwydd
Pawb: A theilwng iawn o fawl.

Mae dy gariad yn siarad mwy na geiriau;
mae'n llenwi ein gwacter,
yn cynhesu ein hysbryd
a'n tynnu unwaith eto
i'th freichiau.

Arweinydd: Mawr yw'r Arglwydd
Pawb: A theilwng iawn o fawl.

● **Cyffes**
Gwyddom yn ein calonnau
mai ti yw Arglwydd
y byd hwn a'r nesaf.
Gwyddom yn ein calonnau
mai ti yw'r gwirionedd:
ynot y mae pob doethineb yn tarddu.
Gwyddom yn ein calonnau
mai cariad wyt ti,
achos cyffyrddodd â'n bywydau.

Pan ddenir ni
gan eiriau sy'n temtio
ac yn ein cadw oddi ar dy lwybr,
maddau, Arglwydd, yw ein gweddi.
Trin ein calonnau
er mwyn i ni adlewyrchu
yn unig y goleuni
sy'n tarddu ynot ti.

● Diolch

Ysbryd Duw,
yn bresennol gyda ni,
yn byw ynom ni,
yn dod i'r golwg drwom:

Arweinydd: Llanw'r bywydau hyn
Pawb: Gyda diolch yn gorlifo i ti.

Ysbryd gwirionedd,
doethineb a thangnefedd,
afon bywyd
sy'n llifo trwom:

Arweinydd: Llanw'r bywydau hyn
Pawb: Gyda diolch yn gorlifo i ti.

Ysbryd gras,
sibrwd tyner
yn ein denu
i fywyd o wasanaeth:

Arweinydd: Llanw'r bywydau hyn
Pawb: Gyda diolch yn gorlifo i ti.

SUL CYFFREDIN 29

ESEIA 65:17-25; SALM 98;
2 THESALONIAID 3:6-13; LUC 21:5-19

● **Gweddi agoriadol**
Ar y diwrnod hwn o ddechreuadau newydd
bydd di yn ganol i'n haddoli:
y Tad sy'n ein caru,
y Mab sy'n ein clywed,
yr Ysbryd sydd ynom,
yr undod rhyngom,
y bywyd rydym yn ei fyw.

● **Moliant**
Ar ein taith gyda thi
mae pen draw.
Teithia rhai yn ysgafn,
heb eu beichio
gan lwythi bywyd,
eu dwylo yn rhydd i wasanaethu
a helpu ar y daith.
Teithia rhai yn araf,
wedi'u gorlwytho
gan feichiau,
ac angen rhyw help
gyda'u llwyth.

Ac felly, yn deithwyr,
cyfarfyddwn ar y ffordd,
a chymryd, neu estyn llaw.
Mae cyrchfan
y teithiwn tuag ati –
i'th bresenoldeb
ble, gyda'r angylion,
yr addolwn di bob dydd.

● **Cyffes**
Cadw ni yn agos yw'n gweddi.
Bydd di yr un y trown ato
pan wynebwn ofn,
ansicrwydd,
a chwestiynu.
Bydd y graig y safwn arni,
y gwirionedd y glynwn wrtho,
a'r sicrwydd y pwyswn arno.
Bydd y Tad y syrthiwn
yn llawen i'w freichiau,
y diogelwch yn ein teithio.
Cadw ni yn agos yw'n gweddi.

● Diolch

Pan gerddwn gyda thi
yng ngoleuni dy gariad,
dy ogoniant di ddaw i'r golwg,
nid yr eiddo ni.

Pan siaradwn amdanat
gyda'r rheini a gyfarfyddwn,
dy eiriau di sy'n siarad,
nid yr eiddo ni.

Pan wasanaethwn
bobl mewn angen,
dy ddwylo di sy'n iacháu,
nid yr eiddo ni.

Diolch i ti, Arglwydd Dduw,
pan addolwn di
a chyflwyno ein bywydau,
caiff dy enw ei ogoneddu
wastad.

CRIST Y BRENIN

**JEREMEIA 23:1-6; SALM 46;
COLOSIAID 1:11-20; LUC 23:33-43**

● **Gweddi agoriadol**
I'th bresenoldeb y down,
Waredwr, Bugail, Brenin,
dy weision
gyda'n hoffrwm
moliant,
diolch
a chân.
Rhoddion o'n digonedd
a rhoddion o'n tlodi.
Rhoddion i'n Gwaredwr, Bugail a Brenin.

● **Moliant**
Cyn i bopeth ddechrau,
yr oeddet ti,
yn un â'r Tad a'r Ysbryd
mewn undod gogoneddus.
Cyn i bopeth ddechrau,
yr oeddet ti,
ein bywydau yn dy feddyliau,
ein dyfodol yn dy galon.

Cyn i bopeth ddechrau,
yr oeddet ti,
y creu a'r waredigaeth
wedi'u perffeithio yn dy gynllun.
Cyn i bopeth ddechrau,
yr oeddet ti,
y brenin a'r deyrnas yn disgwyl,
achos mae amser yn dy law.

● Cyffes

Fugail-frenin,
sy'n ein tywys i borfeydd gwyrddion
a'n cadw yn ddiogel rhag cam,
rwyt yn ein caru bob un
ac yn ein nabod wrth ein henwau.

Maddau i ni pan grwydrwn i ffwrdd
a dilyn galwad un arall;
maddau i ni pan geisiwn guddio oddi wrthyt,
yn ofni yr hyn ydym.
Maddau i ni a thyn ni yn ôl
I'th freichiau cariadus,
ac yn dy ŵydd unwaith eto
cawn wir weld dy wyneb.

● Diolch

Mae teyrnas Dduw
yma yn ein plith,
ble mae ei blant
yn cerdded yn rhydd
oddi wrth bopeth a'u cadwai yn gaeth.

Mae teyrnas Dduw
yma yn ein plith,
ble caiff ei gyfiawnder ei weld
nid trwy drais ond trwy fedd gwag.

Mae teyrnas Dduw
yma yn ein plith,
ble caiff ei rym
ei ddatgelu
ym mywydau y rhai sy'n credu.

Mae teyrnas Dduw
yma yn ein plith.
Derbyn ddiolch cywir
dy bobl, Arglwydd.